출판과 인공지능

AI문고

인공지능 시대입니다. 기계가 인간의 인지를 대신하고, 사물이 인간을 통하지 않고 다른 사물과 직접 커뮤니케이션합니다. 이에 따른 인간 삶과 문명 변화를 정확히 이해·예측·대응하는 것은 이 시대 우리 모두의 과제입니다. AI문고는 인공지능 기술과 환경의 여러 주제를 10가지 키워드로 정리합니다. 관련 개념과 이론, 학계와 산업계의 쟁점, 우리 일상의 변화를 다룹니다. 인간과 기술의 현재, 미래를 세심히 분석합니다.

일러두기

- 인명, 작품명, 저서명, 개념어 등은 한글과 함께 괄호 안에 해당 국가의 원어를 병기했습니다.
- 외래어 표기는 현행 어문규정의 외래어표기법을 따랐습니다.

처음이세요?

전문가세요?

출판과 인공지능

한주리

대한민국, 서울, 커뮤니케이션북스, 2025

출판과 인공지능

지은이 한주리
펴낸이 박영률

초판 1쇄 펴낸날 2025년 4월 28일

커뮤니케이션북스(주)
출판 등록 2007년 8월 17일 제313-2007-000166호
02880 서울시 성북구 성북로 5-11
전화(02) 7474 001, 팩스(02) 736 5047
commbooks@commbooks.com
www.commbooks.com

ISBN 979-11-7307-895-8 03500

책값은 뒤표지에 표시되어 있습니다.

차례

AI의 도래와 출판 생태계의 변화

1980년대 중반 이후 디지털 기술과 인터넷 등 정보 기술의 급속한 발전으로 인류 역사상 세 번째 대변혁으로 평가되는 '정보 혁명'이 진행됐다(Negroponte, 1995; Castells, 2000). 이 시기를 '정보 사회'라고 칭하였는데 제조업보다는 정보와 지식 중심의 서비스 산업이 중요해진 시기였다. 2000년대 초반에는 "생산 기술의 디지털화"로 인해 세계 경제의 패러다임이 제조업 중심에서 창조 산업이라 할 수 있는 문화 콘텐츠 산업으로 전환되었으며, 문화 콘텐츠 산업을 중심으로 한 콘텐츠 기반 경제가 급속히 성장했다(Caves, 2000). 기술의 발전과 변화 속도가 기하급수적으로 가속되면서 디지털 전환(Digital transformation)으로 인한 다양한 변화가 지속적으로 일어났다.

디지털 전환 개념이 확산되면서 IoT, 인공지능, 모바일, 클라우드 등 디지털 기술 혁신이 일어났고 출판 산업 분야에도 O2O(Online to Offline) 서비스 확산, 비즈니스 모델 재편, 운영 프로세스 변화 등이 필요하다는 인식이 확산되어 왔다. 디지털 마케팅, OTT 산업의 부상, VR, AR, XR 기술의 발전으로 새로운 유형의 콘텐츠가 생산되기 시작했으며, 새로운 제품과 서비스가 부상함에 따라 콘텐츠 산업도 변화를 거듭하고 있다. 특히 콘텐츠 제작 환경에 인공지능과 빅데이터가 도입되면서 생산성과 효율성이 증가하고 새로운 장르가 탄생하는 등 관련 산업이 역동적으로 변화했다(한국콘텐츠진흥원, 2019).

2016년 세계 바둑 랭킹 1위의 이세돌 9단이 구글의 인공지능 바둑 프로그램인 알파고와 대결하여 패배하면서 전 세계에 충격을 준 이후, 인공지능의 영향력에 대한 관심이 급증했다. 이후 분석형 인공지능을 거쳐 생성형 인공지능(Generative AI)이 발달하면서 텍스트에 대한 요약은 물론 창의적 글쓰기 영역까지 가능해졌고 다양한 형태의 창작물을 만들어 내는 데 인공지능 기술이 활용되고 있다.

대중의 관점에서 보면 2022년 오픈AI 사가 대화형 인공지능인 챗GPT(Generative Pretrained Transformer)를 공개하면서 사용자가 급격하게 증가하면서 전 세계적인 열풍을 일으켰다. 생성형 인공지능은 학습된 데이터를 활용하여 사용자의 의도에 따라 텍스트, 이미지, 오디오 등의 콘텐츠를 생성한다. 마이크로소프트 창업자 인 빌 게이츠(Bill Gates)는 ≪포브스(Forbes)≫와의 인터뷰에서 "AI는 2023년 가장 뜨거운 주제"라고 말했다. 이와 같이 챗GPT 등 생성형 인공지능 모델은 인쇄술에 버금가는 문명사적 사건으로, 전 세계적인 충격을 주었으며 향후 전 세계 산업 전반에 지대한 영향을 미치게 될 것이라는 전망이 지배적이다.

챗GPT는 '인간 피드백을 통한 강화 학습(Reinforcement Learning from Human Feedback, RLHF)' 방식으로 사람처럼 자연스러운 대화를 할 수 있게 만든 생성형 인공지능이다. 방대한 데이터를 학습했기 때문에 제시된 단어 다음에 가장 적합한 단어를 선택하여 배열함으로써 일상 대화뿐 아니라 지식과 정보를 쉽게 얻을 수 있도록 구성됐다. 챗GPT는 새로운 버전이 계속 출시되고 있다. 예를 들면 2024년 5월에는 50개 언어를 처리할 수 있고 오디오, 비디오와 텍스트 생성 기능이 있는 GPT-4o를 출시했다. 인공지능은 우리의 세상을 빠르게 변화시키고 있으며, 생성형 인공지능은 전문 영역뿐만 아니라 비전문가 혹은 학교와 가정에까지 영향을 미치고 있다. 2024년 대표적인 생성형 인공지능은 챗GPT, 구글 제미나이(Gemini), MS Bing 등이 있다. 검색 플랫폼도 생성형 인공지능 시대로 전환하고 있다. 인공지능이 우리 삶에 점점 큰 영향을 미치는 지금 콘텐츠 제작의 세계도 예외는 아니다.

AI 콘텐츠 혁명

인공지능 기술의 출현으로 콘텐츠 제작 환경은 큰 변화를 겪고 있다. AI를 통해 텍스트 콘텐츠가 다양하게 생성되면서 콘텐츠 제작에 대한 접근 방식을 재정의하기에 이르렀다. AI 콘텐츠 혁명은 어떤 단일 산업에만 국한되지 않는다. 저널리즘, 마케팅, 전자 상거래, 학계 등 여러 분야에 걸쳐 있다. 콘텐츠 제작자는 점점 더 AI를 워크 플로에 통합하여 역할과 책임을 재편하고 있다(Mohamed, 2023). 이 과정에서 콘텐츠 생성 분야에 대한 AI의 영향력은 처음 예상보다 훨씬 더 확대됐다.

예를 들면 뉴스 기사와 마케팅 자료 초안 작성부터 제품 설명과 블로그 게시물 제작까지 광범위하게 응용된다. AI를 사용하여 브레인스토밍을 하고 주제를 선정하는 등 콘텐츠 제작자에게 생성형 AI 도구는 빠른 속도로 대량의 텍스트를 생성할 수 있게 해줌으로써 마감일을 지키거나 방대한 양의 작업을 하는 데 유용하게 사용되고 있다.

특히 AI는 콘텐츠 제작에 몇 가지 뚜렷한 이점을 제공하는데, 반복적인 작업을 자동화하여 인적 자원을 보다 창의적이고 전략적인 노력에 집중할 수 있게 해준다. 게다가 여러 언어로 콘텐츠를 생성할 수 있어 글로벌 고객을 보유한 기업과 조직에 중요한 자산으로 자리매김하고 있다. 이처럼 AI 기반 도구는 뉴스 기사 작성에서 마케팅 카피 작성까지 텍스트를 생성하는 방식에 혁명을 일으켰으며, 출판 산업에서도 향후 영향력이 더 커질 것으로 예측하고 있다.

출판 산업의 디지털 전환과 인공지능

출판 산업 분야에서도 디지털 전환은 물론 인공지능을 활용한 서비스와 전략이 확대되어 가고 있음은 엄연한 사실이다. 인공지능을 활용하여 서비스의 질을 향상하고 비용 절감 효과를 기대한다. 한편 인공지능이 본격적으로 출판 산업에 영향을 미치면서 번역 등 도서 저작권 수출 영역에도 자동 번역 기술을 활용해 확장 가능성을 확보해 가고 있으며, 다양한 국내외 출판사와 저자들이 생성형 인공지능을 활용한 저작 활동 및 출간을 이어가고 있다. 향후 인공지능을 출판 산업에 적용하려면 기획 단계부터 창의적 콘텐츠를 확보하는 방향으로 준비해야 한다(한주리, 2024). 특히 AI는 인간보다 생산성 우위를 보인다. 레퍼런스가 뚜렷하고 그에 따른 결과물이 정형화되어 있는 경우 AI를 활용하여 반복적이고 패턴화된 작업을 최소화하면 업무의 효율성과 생산성을 높일 수 있다(천현진, 2023).

번역 분야를 살펴보면 챗GPT의 기술 기반 역시 구글 번역과 마찬가지로 신경망 기계 번역(Neural Machine Translation, NMT)의 트렌스포머 아키텍쳐(Transformer architecture)이고, 트랜스포머에서 추가로 적용된 어텐션(Attention) 방식인 셀프 어텐션(self-attention) 기법을 사용한다. 다만 챗GPT가 구글 번역과 가장 큰 차이점은 첫째, 자연어 처리를 학습하는 데 사용하는 데이터의 양이 구글 번역보다 훨씬 방대한 초거대 언어 모델(Large Language Model, LLM)이라는 점이다. 둘째 이렇게 학습한 내용을 바탕으로 딥러닝 알고리즘을 사용해 최적의 방법을 터득하고 인간의 피드백을 통해 오류를 스스로 수정하면서 반복적으로 강화 학습(RLHF)한다는 점이다. 셋째 동일한 질문에 대해 같은 대답을 내놓지 않는 '재생성' 기능이 있다는 점이다(박미정, 2023).

출판 산업은 콘텐츠를 다루는데 기획자, 편집자, 디자이너, 마케터, 제작자 등 다양한 사람들이 창의적 기획을 바탕으로 새로운 콘텐츠를 생산해 낸다. 하지만 생성형 AI 등 인공지능 기술 활용이 확산되면서 출판 생태계의 패러다임 전환이 이뤄지고 있다. 출판 산업은 가장 오래된 미디어로 전통적 인쇄 방식에서 디지털 전환을 통한 기술 변화를 겪어 왔고, 이제 생성형 AI와 같은 인공지능의 발달을 통해 또 다른 전환점을 맞이하고 있다.

AI의 발전은 작가의 고유 영역이라 여겼던 문학 분야에도 영향을 미치고 있다. 국내 출판계에서도 챗GPT를 활용하여 전자책을 만들어 유통하는 사례가 나타났다. 2023년 4월 소설가 7인이 생성형 AI를 활용해 소설『매니페스토』를 출간하였다. 이 프로젝트에 참여한 AI 로봇 공학자이자 SF 장편 소설로 등단한 전윤호 작가는, 소설을 쓰기 전에 초기 아이디어를 내는 건 작가의 몫이지만, 이를 구체화하고 검토하는 과정에서 등장인물의 상황이나 장면에 대한 다양성을 제시하는 데 AI가 유용함을 강조했다(SK하이닉스, 2024). 작가는 창작 과정에서 AI가 앞으로 문학 발전에 중요한 역할을 할 것임을 확신하게 되었다고 밝혔다.

생성형 AI의 등장은 출판 생태계에 인공지능을 활용한 기획, 집필, 디자인, 맞춤형 마케팅, 데이터 기반 수요 예측과 독서 활동에서의 활용 등 새로운 화두를 던지고 있다. 인공지능을 활용해 원고 편집과 교정, 교열을 수행하고, 독자 데이터 분석을 통해 독자 취향을 분석하고 맞춤형 추천 서비스를 제공하기도 한다. 또한, 학술 출판 분야에서는 표절 탐지, 데이터 생성 등 다양한 작업에 활용되고 있으며, 연구 영역의 트렌드를 제공한다. 이 과정에서 출판 생태계의 주요 참여자들이 인공지능 기술로 인해 도태될 것인지 아니면 창의적인 변혁을 하게 될 것인지 초미의 관심사가 되고 있다.

또한, AI 콘텐츠 생성은 큰 가능성이 있지만, 여러 가지 과제도 안고 있다. 온라인 서점의 신간 도서 중에 한국 SF 소설 장르에 챗GPT를 활용하여 쓴 도서가 출간되었는데 저작권자에 출판사 이름이 있을 뿐 저작권자에 대한 정확한 안내가 없는 사례가 나타나고 있다. 생성형 AI를 이용하여 출간하는 도서가 늘어나는 반면 저작자에 대한 명확한 표시가 없는 전자 도서가 출간되면서 도서 유통사와 도서관의 전자책 납본 시스템에서 이를 어떻게 적용할 것인지 고민하는 실정이다.

인공지능이 초래한 문제점

AI가 콘텐츠 제작에 미치는 영향의 의미를 살펴보면 AI가 엄청난 잠재력이 있지만 복잡한 과제도 안고 있다는 것이 분명해진다. 2020년 스타트업인 스캐터랩이 출시한 인공지능 챗봇 '이루다'가 차별 및 혐오 발언, 개인 정보 유출 논란으로 서비스를 중단했다(이숙연, 2023). 또한 대학에서 학생들이 챗GPT를 활용하여 보고서를 제출하는 사례가 늘어나면서 허용 범위에 대한 기준이 없어 문제가 되었고, 일부 대학의 경우 챗GPT 활용 가이드라인을 만들고 윤리 강령을 선포하기도 했다. 특히 AI가 인간의 일자리를 대체한다는 불안감과 이로 인한 사회적 불평등에 대한 두려움이 가중되거나, AI의 오남용으로 발생하는 정보의 부정확성과 가짜 뉴스 등 풀어야 할 과제가 나타나고 있다.

예를 들면, 생성형 인공지능을 둘러싼 자료 수집 데이터 사용에 대한 저작권 이슈나 인공지능의 저작권을 어느 수준까지 인정할 것인가, 혹은 인공지능의 발달에 따른 윤리적 문제 등에 대한 찬반 논의 및 저작권 이슈가 함께 거론되고 있다. 개발자 집단은 자신들이 개발한 코드를 상업적 목적으로 무단 사용하였다는 이유로 마이크로소프트와 오픈AI 등에 대한 집단 소송을 제기했다. 이러한 문제는 전 세계적인 관심의 영역이다. 유럽 연합 집행 위원회와 유럽 의회, 유럽 연합 27개 회원국 대표 등이 AI 규제안(Compromise Amendments)을 논의하고 2023년 12월 8일 「인공지능법(AI Act)」에 대한 합의에 이르렀다. 이후 2024년 3월 14일 유럽 연합에서 세계 최초로 AI 기술에 대한 규제를 다룬 법안인 「인공지능법」을 승인하였으며, 같은 해 5월 유럽 연합 이사회에서도 최종 승인하였다. 향후 이와 관련한 논의가 지속될 것으로 보인다.

생성형 인공지능의 도래로 전 산업 분야에서 인공지능과 관련한 논의가 확장되고 있으며, 출판 분야에서도 다양한 논의가 촉발되었다. 예를 들면, 미국의 창작자 집단 중 미국 작가 조합(Writers Guild of America, WGA)은 인공지능으로 작가의 수익이 줄어드는 데에 대한 문제 제기로 노조 파업(WGA, 2023)을 실행했고, AI로 인한 고용 불안 문제와 대응 방안을 요구했다.

또한 생성형 인공지능으로 인한 저작권 이슈가 발생하고 있는데, 생성형 인공지능 활용을 위한 학습용 데이터 수집 과정에서 나타나는 저작권 이슈와 생성형 인공지능 활용을 통해 만든 저작물에 대한 저작권 쟁점 등이 논의되고 있다(한주리, 2023). 예를 들면, 미국의 소셜 미디어 레딧이 빅 테크 인공지능의 콘텐츠 무료 활용에 제동을 걸고 비용 지불을 요구하였으며, 월스트리트저널(WSJ)과 CNN 등은 오픈AI가 사전 허락 없이 자료를 이용했다며 소송을 검토했다(김현수 · 이지윤, 2023).

즉, 챗GPT 등 인공지능의 학습 과정에서 사전 허락 없이 데이터를 수집하고 그렇게 만든 서비스를 유료로 제공하는 것에 대한 저작권 문제다.

2023년 12월 글로벌 매체인 뉴욕 타임스(NYT)가 생성형 인공지능 챗GPT 개발사인 오픈AI와 마이크로소프트를 상대로 저작권 침해 소송을 제기했다(김유진, 2023). 생성형 AI 훈련에 자사의 수백만 개 기사를 불법적으로 무단 사용하였다는 것이다. AI 기업은 '공정 이용(fair use)'을 주장하나 허가 없이 기사를 '통째로' 사용했다는 것이 골자다. 저작물 무단 사용은 기자들의 노동과 회사의 저널리즘에 대한 투자를 무시한 처사라고도 주장했다. 이번 소송은 2023년 4월부터 진행된 양측의 콘텐츠 사용료 지불 계약 협상이 결렬된 데 따른 것이다. 오픈AI 측은 뉴욕 타임스와 원활하게 협상을 진행 중이었다면서 소송 제기에 대해 '놀라움과 실망감'을 느낀다고 밝혔다. 오픈AI 대변인은 성명에서 "우리는 콘텐츠 창작자와 소유주의 권리를 존중하며, 그들이 AI 기술과 새로운 수입 모델의 혜택을 받도록 보장하기 위해 계속 협력하고 있다"고 밝혔다. 마이크로소프트는 별도의 입장을 밝히지 않았다고 뉴욕 타임스는 전했다. 현재 AP통신 등 일부 언론사들은 자사 콘텐츠를 AI 언어 모델 훈련에 유료로 공급하는 조건에 대해 개별적으로 협상을 타결하거나 진행 중이다. 디지털 뉴스 시장의 강자인 뉴욕 타임스의 이번 소송은 언론 업계 전반에 파장을 일으킬 것으로 보인다.

이처럼 인공지능 기업들은 그동안 생성형 AI가 데이터 학습 과정에서 인터넷에 이미 공개된 언론사 저작물을 활용하는 것이 '공정 이용'에 해당한다고 주장해 왔다. 저작권법에서 공정 이용 개념은 공익에 부합할 경우 저작권자의 허락 없이 복제, 사용해도 저작권 침해로 간주하지 않는다는 것이다.

하지만 이에 대해 뉴욕 타임스는 AI 도구가 기사 문장을 그대로 제공하고 있다면서 공정 이용 논리가 성립하지 않는다고 주장해 왔다. 유료 구독자만 접근할 수 있는 기사마저도 챗봇이 글자 그대로 제공했다는 것이다. 뉴욕 타임스는 자사 저작물을 사용하는 모든 챗봇에서 훈련 데이터를 삭제할 것도 요구했다.

2024년 4월 여전히 소송은 지속되고 있다. 뉴욕 타임스가 확보한 내부 자료에 따르면 테크 기업들이 불법인 줄 알면서 인터넷의 데이터를 활용한 것을 확인했다. 메타 AI 담당 부사장은 임원 회의에서 자신의 팀이 이용 가능한 거의 모든 인터넷 콘텐츠를 사용했으며, 인터넷에서 찾은 책과 에세이 등 작품들을 어떻게 허락받지 않고 요약했는지 언급했고, 이런 행위가 소송으로 이어진다 해도 경쟁력 있는 AI 개발을 위해선 더 많은 데이터 확보가 중요하다는 논의도 이뤄졌다고 밝힌 바 있다(박찬, 2024). 이 외에도, 인공지능이 생성한 예술 작품에 대해서도 단순히 포토샵과 같은 도구로써 AI 프로그램을 볼 것인지, 이를 활용하는 것 또한 인간의 창의성에 따라 서로 다른 결과물을 도출하기 때문에 창작의 영역으로 볼 것인지에 대한 대립적 시각이 존재한다. 또한, 스테이블 디퓨전의 이미지에서 게티이미지의 워터마크가 보이는 이미지를 생성한 사례가 발견되어, '공정 이용'에 해당하지 않는다는 논쟁이 지속되고 있다.

AI 콘텐츠 생성으로 제기되는 가장 큰 우려 중 하나는 독창성이 상실될 가능성이다. AI 모델은 방대한 데이터 세트에서 학습되고, 생성된 콘텐츠는 기존 자료와 매우 유사할 수 있어 표절 문제와 독창적인 콘텐츠의 생성에 대한 의문이 제기된다. 또 다른 과제는 AI 콘텐츠 생성의 윤리적 차원에 있다. 이러한 시스템의 알고리즘은 의도치 않게 훈련 데이터에 존재하는 편견을 영속화하여 기존 편견을 반영하고 잠재적으로 편견을 강화하는 콘텐츠를 만들어낼 수 있다. 이러한 문제는 콘텐츠 생성에 AI를 사용할 때 윤리적 고려 사항의 중요성을 드러낸다.

인공지능 도입으로 인한 변화와 성장 고민

출판 산업의 인공지능 기술 확대로 고객 중심, 자동화 또는 데이터 중심의 새로운 디지털 운영 모델을 모색할 필요성이 있으며, 다양하면서 창의적인 비즈니스 모델을 디지털 소비자에 제시하는 것이 미래 기업 경쟁력에 영향력을 미칠 중요한 요소다. 향후 인공지능이 출판 산업에 미칠 영향에 대해 고민해 보면 다음과 같다.

우선, 개인화된 서비스 제공이다. AI는 출판사들이 콘텐츠 제작과 마케팅에 개인화된 서비스를 제공할 수 있게 할 것이다. 독자 데이터에 기반하여 선호도에 맞춘 도서 또는 마케팅 캠페인을 하게 될 수 있음을 의미한다. 또한, 향후 인터랙티브(Interactive) 전자책이나 상호작용이 가능한 디지털 형식의 도서가 개발될 수 있으며, 독자가 어떤 선택을 하느냐에 따라 스토리가 바뀌는 형태의 선택지도 줄 수 있게 될 것이다. 출판 가치 사슬 전반에 통합을 가져올 수도 있다. 즉, 원고 개발에서부터 출판 이후 분석까지 출판 프로세스의 모든 단계에 영향을 미치게 될 것이다.

이제 출판 산업도 디지털 리터러시(Digital Literacy)를 위한 고민을 넘어 AI 리터러시를 갖추는 방향으로 전개될 가능성이 높다. 이러한 새로운 기술 혁신을 어떻게 이용하고 산업의 업무에 활용할 수 있을지에 대한 민감도와 역량을 키우는 노력이 필요하다(한주리, 2024).

출판 산업에 나타난 다이내믹한 변화는 과거 우리가 출판이라고 생각했던 개념만으로는 설명해 낼 방법이 없다. 연결이 지배하는 미디어 세상에서 출판의 영역에 나타난 변화는 거의 혁명에 가깝다. 출판을 '콘텐츠 비즈니스'로 볼 것인가, 더 나아가 '네트워크 비즈니스'로 볼 것인가에 대한 고민이 제기되어 왔고, 네트워크로 연결되어 있는 디지털 생태계(Digital Ecosystem) 안에서 저자, 독자, 콘텐츠가 연결되어 '관계'를 만들고, 그 안에서 새로운 가치를 창출하는 미디어로 기능하는 범주를 포함하고 있다. 묶인 책(册)이 아닌, 살아 움직이며 작동하는 디지털 생태계 속에서 공표되어 공유된 모든 미디어를 책으로 보아야 할 것인가라는 질문을 통해 출판 개념의 확장에 대한 논의도 지속되어 왔다(한주리, 2019).

기술의 발달은 산업의 변화를 촉발시켰고, AI를 활용한 산업의 혁신이 진행되고 있다. 인공지능 기술이 워낙 빠르게 발전하기 때문에 출판 생태계와 일반 대중에게 미치는 영향의 방향과 속도도 빠르게 전개되고 있다. 현 시점의 현상에 대한 논의가 추후 유효성을 갖지 못하게 될 수 있다. 빠른 속도로 변화가 이뤄지는 상황이므로 한국의 출판 산업이 무엇을 혁신해야 할지에 대한 고민은 앞으로도 지속될 화두다(한주리, 2024b).

이 책에서는 이러한 고민에 기반하여 AI 생태계의 도래와 이로 인한 출판 생태계의 변화를 출판 외부 환경 변화, 출판 내부 환경 및 프로세스 변화, 출판계 종사자, 독자, 저작권 등 다각도에서 살펴봤다.

참고문헌

김유진(2023.12.28). NYT, 오픈AI 상대로 "저작물 무단 사용" 소송 제기. ≪경향신문≫, https://www.khan.co.kr/world/america/article/202312281525001

김현수 · 이지윤(2023.04.20). "AI가 기사-콘텐츠 도둑질"… WSJ, 오픈AI에 소송 검토. ≪동아일보≫, https://www.donga.com/news/Inter/article/all/20230420/118920107/1

박미정(2023). 생성형 AI와 기계번역 – 챗GPT 번역을 통한 한일통역교육 고찰. ≪통번역학연구≫, 27(3), 27–56쪽.

박찬(2024.4.8). 오픈AI · 메타 · 구글 "협상 대신 소송"...불법인 줄 알면서 인터넷 데이터 퍼 가. ≪AI타임즈≫, https://www.aitimes.com/news/articleView.html?idxno=1

58632
이숙연(2023). 인공지능 관련 규범 수립의 국내외 현황과 과제. ≪법조≫, 72(1), 법조학회, 442-488쪽.
천현진(2023). 『AI 시대의 뉴스 저작권: 기술의 발전과 법의 경계에서』. 3호. 한국언론진흥재단.
한국콘텐츠진흥원(2019). 『지식재산권(IP) 융복합 콘텐츠 클러스터 조성사업 타당성 조사 연구』. 한국콘텐츠진흥원, 309쪽.
한주리(2019). 출판(publishing)의 재개념화 연구 : 출판의 개념 확장을 중심으로. ≪출판잡지연구≫, 27(1), 95-110쪽.
한주리(2023). 생성형 인공지능(AI) 창작물에 대한 출판 생태계의 저작권 인식. ≪인문콘텐츠≫, 71호, 197-222쪽.
한주리(2024). 출판문화산업 진흥을 위한 제언. ≪출판N≫, vol. 51, 2024년 1월-2월호.
https://nzine.kpipa.or.kr/sub/coverstory.php?ptype=view&idx=823
SK하이닉스(2024.5.3). 공학 박사 출신 SF 소설가 '전윤호 작가'가 말하는 'AI와 문학'. ≪SK하이닉스 뉴스룸≫.
Caves, R. E.(2000). *Creative industries: Contracts between art and commerce*. Harvard University Press, Cambridge, Mass.
Mohamed, A.(2023.10.7). The Role of Human Editors in an AI-Driven World: Balancing Creativity, Quality, and Ethics. Medium,
https://medium.com/@karama1976/the-role-of-human-editors-in-an-ai-driven-world-balancing-creativity-quality-and-ethics-92d98eca9f6e
Negroponte, N.(1995). *Being digital*. New York: Alfred A. Knopf.
WGA(2023.5.1). Negotiations—Status as of May 1, 2023
https://www.wga.org/uploadedfiles/members/member_info/contract-2023/WGA_proposals.pdf

01

출판 생태계와 AI

AI가 출판 생태계에 미치는 영향과 출판 생태계의 AI 활용은 어떠한가, 출판 생태계에서 AI 서비스 현황 및 AI 활용 창작물의 국내외 사례를 제시했다. 우선 AI를 사용하여 출판 작업의 일부를 자동화할 수 있다. 예를 들어, 레이아웃, 교정, 번역 등의 작업을 자동으로 처리할 수 있다. 또한, AI는 출판물의 콘텐츠를 생성하는 데 활용될 수 있는데, 기사, 리뷰, 소설 등의 콘텐츠를 자동으로 생성하고 있는 실정이다.

AI와 1인 창업?

AI와 출판 내부 환경 변화

AI는 오랫동안 연구 개발되어 사용해 온 분석형 AI와 최근 각광을 받은 생성형 AI로 구분할 수 있다. 분석형 AI는 데이터에서 정보를 추출하거나 분석하여 통찰력을 제공한다. 입력 데이터를 탐색하고 패턴을 찾아내며, 주로 예측, 분류, 군집화, 이상 탐지 등의 작업을 수행한다. 비즈니스 인텔리전스, 예측 분석, 의료 진단, 금융 리스크 관리 등 다양한 분야에서 활용된다.

특히, 생성형 AI는 방대한 데이터를 기반으로 새로운 콘텐츠나 정보를 생성하는 인공지능이다. 학습 과정에서 생성형 AI는 텍스트 내의 단어와 문장의 관계를 파악하고, 이를 바탕으로 새로운 텍스트를 창작하고, 번역하고, 요약하고, 창의적인 콘텐츠를 생성하는 모델을 생성한다. 그런 다음 모델에 입력하는 사용자 텍스트를 통해 원하는 결과물을 생성하는 것이다(이호수, 2023). 생성형 AI는 텍스트, 이미지, 음성, 프로그램 코드 등 다양한 형태의 새로운 데이터나 콘텐츠를 생성할 수 있다. 대표적 생성형 AI 플랫폼으로 오픈AI의 챗GPT, 구글의 제미나이 등이 있고, 이미지 기반 생성형 AI 플랫폼에는 미드저니, 달리, 스테이블 디퓨전 등이 있으며, AskUp, 뤼튼 등과 같은 한국 AI 플랫폼도 AI 시장에 등장하고 있다.

AI 기술의 주요한 기능에는 생성, 자동화, 예측, 인식, 소통의 다섯 가지가 있는데, 출판업에 맞게 어떤 방식으로 이용할 것인지가 중요하다. 예를 들면, 인식 기능을 통해 시장 패턴을 파악하고, 예측 기능을 통해 축적된 데이터를 기반으로 도서의 시장성과 흥행성을 파악하며, 생성 기능은 디자인과 같은 창조적인 작업에 효율적으로 이용 가능하다(한국출판문화산업진흥원, 2021). 생성형 AI의 진화 발전으로 인해 출판 콘텐츠 생산은 물론 번역에 이르기까지 출판 생태계의 패러다임을 바꾸어 나가고 있다. 예를 들면, 챗GPT는 이미지 생성은 물론 에세이, 시나 소설, 연설문, 번역 등 다양한 영역에 영향을 미치고 있다. 챗GPT 모델을 구축한 오픈AI는 '달리'라는 이미지 생성 모델을 통해 다양한 유형의 이미지를 만들어낼 수 있는 비즈니스 모델을 운영 중이다. 또한 미드저니 등 다양한 이미지 생성 모델은 예술 영역에도 활용되면서 영향을 미치고 있다. 이처럼 인공지능의 출현은 뉴스 기사, 시와 소설 창작과 같은 텍스트는 물론 이미지, 영상, 음악 등 다양한 창작의 영역에까지 확대되어 왔다. 사실상 출판 생태계에서 인공지능을 내부적으로 다양하게 활용해 온 것이다.

영국 출판 협회(Publishers Association, PA)에서는

이미 2020년에 인공지능 기술을 활용하고 있는 출판사를 대상으로 출판 산업 분야에서 인공지능이 어떻게 활용될지 설문 조사를 진행했다. 당시 응답에서 이미 콘텐츠 생성, 마케팅 분야에서 인공지능을 적극 활용하고 있다는 응답이 8%였고, 그 외에 콘텐츠 확보와 개발, 서비스 개발, 마케팅과 영업에 활용하는 빈도도 30~40% 정도로 나타났다.

또한 '텍스트 힙(Text Hip)'이 국내외 새로운 트렌드로 떠오르면서 출판계의 새로운 문화 소비 행태로 확장되고 있다. 텍스트 힙은 '텍스트'와 멋지다는 신조어인 '힙'의 합성어로 독서나 글쓰기를 트렌디한 행위로 받아들이는 현상이다. 예를 들어, 영국의 '북톡(BookTok)' 서비스는 소셜 미디어인 틱톡(TikTok) 사용자들이 책과 관련한 북톡 영상을 올려 오래전 출간된 도서가 역주행하는 현상을 보이며 출판 생태계에도 영향을 주는 주요 서비스로 확대되었다. 여기에서 틱톡 서비스는 숏 폼 모바일 동영상 플랫폼으로 각종 필터와 음악, 비디오 편집, 스티커 등 다양한 기능을 통해 10대들의 인기를 끌고 있는데, 틱톡의 '추천' 페이지는 AI와 머신 러닝을 활용한 알고리즘을 이용한다.

이런 서비스들은 창의적인 아이디어 제공과 즐거움

전달을 목표로 AI 기술을 통해 사용자가 어떤 콘텐츠를 좋아하는지 파악하여 연관 콘텐츠를 보여준다.

출판 분야에서 AI 활용

출판 생태계에서 자동화된 콘텐츠 생성이나 편집 도구 등 AI를 활용하고 있는데 이러한 활용이 최근의 일만은 아니다. 소설 창작의 영역에서 보면, 2016년 일본 공립 하코다테미래대학교의 마쓰바라 히토시(松源仁) 교수 연구팀은 4년 간의 연구를 통해 인공지능이 창작한 4편의 단편 소설을 SF 문학상 '호시신이치상(星新一賞)'에 출품했고, 인공지능으로 쓴 소설이 문학상 1차 심사를 통과했다(이정헌, 2016). 프로젝트를 총괄했던 마쓰바라 교수는 당시 "현시점에서 소설에 대한 기여도는 인공지능이 20%, 사람이 80%"라며 "단어를 자유롭게 구사하고 사람이 어떻게 소설을 쓰는지, 그 창작 활동의 구조까지 보다 깊이 이해할 수 있는 인공지능을 개발하고 싶다"고 포부를 밝혔다.

또한 2018년 3월 22일자 ≪요미우리신문≫에 따르면, 일본의 만화 중심 대형 종합 출판사인 하쿠센샤(白泉社)에서 인공지능이 자동으로 만화에 컬러링 작업을 하여 인터넷으로 서비스하는 사업을 시작한 바 있다. 400쪽

분량의 컬러링을 인공지능이 담당했는데, 사람이 3시간 정도 할 일을 순식간에 끝내버렸으며, 출판사 담당자의 만족도도 매우 높았다. 지속적인 학습과 채색 패턴을 습득한 인공지능은 수채화 같은 색감, 색의 대비와 배색 등을 거의 완벽하게 해낼 수 있었다. 사람 얼굴이나 하늘, 풀 등은 매우 자연스럽게 색칠하는 경지이며, 저녁놀의 그라데이션은 인간이 흉내 내기 어려운 수준이다. 이 회사의 착색 기술은 2018년 일본 문화청의 미디어예술제에서 엔터테인먼트 부문 우수상으로 뽑혔다.

국내의 경우 2021년에 이미 AI 소설가 비람풍과 소설감독 김태연의 협업으로 장편 소설 『지금부터의 세계』가 출간되었고, 국내외 각종 공모 사이트에 생성형 AI를 활용한 작품이 대거 등장하면서 사용과 규제에 대한 찬반 논쟁에 휩싸였다(방은아 · 임소연, 2024). 2023년에는 인간과 AI가 합작해 만든 첫 소설집 『매니페스토』가 출간됐다. 7명의 작가가 챗GPT와 협업해서 만든 7개의 단편 소설을 만드는 시도와 과정, 결과를 모두 담은 새로운 형태의 소설집으로 이슈가 됐다. 출판사는 점차 정교해지는, 점점 더 인간 같아지는 AI의 기술력이 인간의 고유성까지 침범하고 있는 지금, 과연 그것을 두려워하거나 모른 체 하는 게 맞는 것인지에 대한 불안에서 이 작업을 시작하였다고 밝혔는데, 인간 고유의 영역인 창작 영역, 그중에서도 소설을 AI와 함께 써보면서 함께하는 과정과 시행착오를 모두 담아보기로 하였다는 의도를 밝힌 바 있다. 이처럼 생성형 AI를 활용하여 글을 쓰고 제작하여 유통하는 사례가 빠른 속도로 증가하고 있다. 이와 관련하여 국내에서 인공지능 서비스가 어느 수준까지 발전할 수 있을지, 그로 인해 우리의 생활은 얼마나 더 편안해질지 기대하는 시각이 있는 반면, 인간의 자리를 차지할 기계의 시대가 더욱 가까이 다가왔다는 불안도 존재한다.

번역에서의 AI 활용

번역 분야는 출판 생태계에서 인공지능의 출현으로 많은 변화가 나타나고 있는 분야다. 국가 경쟁력이나 출판 경쟁력이 낮고, 유능한 번역자 풀이 열악한 언어권이라면 자국어로 된 문학을 비롯한 다양한 출판물이 영미권에서 영어로 번역 출판되는 기회를 갖기는 여전히 어렵다. 물리적 시간과 전략적 정책도 병행해야 하지만 비용 또한 적잖게 필요해서 여러 가지 여건이 갖춰지지 않은 환경에서는 어려울 수밖에 없다. 이에 자국의 도서를 영미 출판 시장으로 번역 수출하려는 비영어권 국가의 경우 AI 번역은 큰 관심사이며, 인공지능 번역의 등장으로 오랜 세월 구조적으로 고착화된 상식에 변화가 일어나고 있다(이구용, 2024). 다음 장인 AI와 출판 혁신에서 번역의 활용에 대해 보다 심도 있게 논의했다.

참고문헌

방은아 · 임소연(2024). AI 생성 SF와 포스트휴머니즘 : ChatGPT는 어떤 소설을 생성하는가? ≪인문사회과학연구≫, 32(1), 195–225쪽.

이구용(2024). 출판시장에서의 AI 수용 양상 연구. ≪국제언어문학≫, 58권, 201–225쪽.

이정헌(2016.3.22). 단편소설 창작에 도전한 일본 인공지능. ≪중앙일보≫, https://www.joongang.co.kr/article/19763241

이호수(2023.11.14). 생성형 AI의 등장과 콘텐츠산업의 변화. ≪KIPPA 리포트: 생성형 AI 시대, 콘텐츠 생태계 변화와 출판계 대응≫, Vol. 08.

한국출판문화산업진흥원(2021). 인공지능 시대, 출판 생태계의 영향과 전망. ≪출판N≫, vol. 22, 2021년 6월호, https://nzine.kpipa.or.kr/sub/zoomin.php?ptype=view&idx=403

02
AI와 출판 혁신

자동화된 콘텐츠 생성 및 편집 도구는 잠재적으로 출판의 비용을 절감했다. AI 번역을 통해 출판 수출에서 언어적 장벽이 낮아지는 효과를 나타내기도 하고, AI 기반 도구는 기존 형식을 뛰어넘는 대화형 및 몰입형 경험을 도입하여 스토리텔링의 혁신을 촉진한다. 또한, AI 도구를 사용하여 접근 가능한 다양한 형식을 만들 수 있어 장애인을 포함한 더 많은 청중이 콘텐츠를 이용할 수 있다.

AI와 MBTI?

창작 영역에서의 AI 활용

분야를 떠나 인공지능의 발전 속도는 가히 놀랍다. 활용력은 더욱 놀라워 분야와 영역을 가리지 않는 AI의 편리성에 과거에는 미처 상상 못 했던 분야까지 AI가 인간을 대체하려 하고 있다. 특히 인간 고유의 영역이라 여겨졌던 창작의 영역까지 도전받고 있다. 더 이상 AI는 피할 수 없는 공생의 현실이다(한보라, 2024).

AI는 인간 고유의 영역이라고 보았던 창작 분야에서 다양하게 활용되었다. '기계가 가진 콘텐츠의 독특한 가치'에 새로운 인식의 지평을 열어 주는 사례는 많다. 2015년 8월 예일대학교의 컴퓨터 공학 강사인 도냐 퀵(Donya Quick)이 만든 인공지능 작곡 프로그램인 '쿨리타(Kulitta)'도 그중 하나다. 바흐의 음악을 학습한 쿨리타는 스스로 클래식 음악을 작곡했으며, 대부분의 사람들이 인공지능이 만든 곡과 사람이 만든 곡을 구별하지 못했다. 영화로는 2016년에 제작된 단편 영화 〈선스프링(Sunspring)〉이 있다. 〈선스프링〉은 2016년 영국 런던SF영화제(Sci-Fi-London Film Festival)에서 개최한 '48시간 안에 영화 만들기 대회'에 출품됐다. 딥러닝으로 여러 권의 대본을 입력받은 인공지능 '벤자민'이 각본을 썼고 출품작 가운데 10위 안에 들면서 화제가 됐다. 이

단편 영화는 수백 권의 SF소설을 학습한 인공 신경망이 만든 대본으로 제작됐다. 물론 감독의 영향력, 배우의 표현력이 이 영화를 한층 더 깊게 만들었지만, 영화의 내용만 보면 뭔가 알 수 없는 분위기로 기계의 창작물만이 가질 수 있는 기묘한 특이점이 있다(조형주, 2022). 또한, 인공지능을 탑재한 로봇을 통해 작성된 기사는 이미 미디어 사업 분야에 널리 퍼져 있으며, 독자들이 사람 기자가 작성한 것인지, 로봇에 의해 작성된 기사인지 구분하지 못하는 단계에 이르렀다.

"세계 최초의 독자 중심 출판사"로 지칭한 인키트의 창업자이자 CEO인 알리 알바자즈(Ali Albazaz)는 인키트의 경쟁 상대는 유사 업종인 왓패드(Wattpad)가 아니고 '21세기 디즈니'를 지향한다고 말했다. 스토리를 통해 모든 사람에게 개인화되고 의미 있는 콘텐츠를 제작하여 '21세기 디즈니'로 자리매김하는 것이다. CEO인 알리는 2010년부터 MSP(Microsoft Student Partner)로 활동하던 프로그래머 출신인데, 인키트의 장기적인 비전이 콘텐츠 라이브러리를 확장하고 이를 중심으로 멀티미디어 제국을 건설하는 것이라고 말했다(Lunden, 2024). 모든 도서는 자동으로 10개 언어로 출판되며, 표지에 생성형 AI를 사용한다.

이처럼 미래의 비전을 콘텐츠에 두고 이를 기반으로 다양한 분야로 IP 확장을 준비하는 기업의 경우, AI 기술을 활용하여 사업 확장을 준비하기 때문에 기업 스스로 미래의 비즈니스 성공을 현재보다 높게 점치고 있음을 알 수 있다.

콘텐츠 생성 자동화: 비즈니스 판도를 바꾸는 요소

디지털 시대에는 콘텐츠가 매우 중요한 요소다. 콘텐츠를 통해 기업은 브랜드 아이덴티티를 담아 제품과 서비스를 고객에게 제공하며 소통한다. AI 기술의 발달로 사람의 개입 없이 콘텐츠를 생성하는 '콘텐츠 자동화'가 실현되고 있다. 콘텐츠 자동화를 통해 콘텐츠 제작에 필요한 작업량과 비용을 절약할 수 있기 때문에 기존의 반복적인 작업 이외에 창의적이고 전략적인 작업을 하는 데 시간을 투자할 수 있다.

번역 분야도 구글(Google) 번역, 네이버 파파고(Papago) 등 다양한 AI 번역 서비스가 이뤄지고 있다. AI 번역을 사용하는 예를 들면, 2023년 1월 31일 인공지능 기반의 글로벌 커뮤니케이션 기술 기업 딥엘(DeepL)이 자사 번역 도구에 한국어와 노르웨이어를 추가해 총

31개 언어를 지원한다고 발표했다. 딥엘은 AI 전문 번역 플랫폼으로 대용량 파일을 번역할 때 원본 서식 즉 PDF, Word, PowerPoint, text 혹은 HTML 파일을 유지하면서 번역하며 뉘앙스까지 고려한다.

실제로 구글, 파파고 등 다양한 번역기들은 외국어로 소통하는 이들에게 도움을 주고 있으며, 영어 등 외국어에 익숙하지 않은 일부 작가들은 해외 작가 에이전트(literary agent)나 편집자들과의 소통 과정에서 인공지능 번역의 도움을 받는 것으로 알려져 있다(이구용, 2024). 또한, 최근 인공지능 번역 시스템을 활용한 초벌 번역 결과물을 바탕으로 인력을 운영하여 윤문하고 편집하면 작업 시간을 단축하는 사례가 늘고 있다. 특히 인공지능 기계번역 시스템의 특성상 번역을 위한 양질의 데이터가 끊임없이 업데이트될수록 번역 시스템의 학습으로 더욱 진화된 양질의 번역을 하게 되므로 이 부분에 대한 전망은 더욱 밝다(신지선 · 김은미, 2017). 인공지능이 시 번역이나 소설 번역을 단독 수행하는 것은 2024년 현재 상황에서는 불가능 하나, 초벌 번역된 원고에 대해 전문 번역자 검토를 거쳐 나온 최종 원고를 관심 가질 만한 해외 출판사 편집자에게 샘플 자료로 추천 · 소개할 때 활용 가치가 있다. 즉 인공지능의 번역 기능을 활용하여 세계 출판 시장의 중심인 영미권으로의 진출은 물론, 번역·출판의 언어 권역 확대를 위해 산업적인 유용성이 있다고 하겠다. 특히, 비영어권 출판 시장에서 일하는 저작권 수출입 업무 담당자나 에이전트 등 현장 실무자들은 일상적으로 보유하고 있는 작품의 샘플 번역과 소개 자료를 인공지능의 도움을 받아 원하는 언어로 작성하고 있다. 이런 상황에서 전통적 가치를 앞세워 인공지능과 거리를 두는 태도는 시대 흐름과 맞지 않는다(이구용, 2024). 인공지능은 이미 번역과 출판 영역에서 인간과 함께하는 동반자가 됐다.

작가의 명성보다 데이터에 기반한 출판

디지털 전환에 대한 논의가 있을 때부터 최근 AI가 출판 산업에 미치는 영향을 이야기할 때까지, 데이터 분석을 통한 독자 세분화 전략은 이미 일부 기업에서 현실로 적용하고 있다. 출판 기업 중에서도 인공지능 기술의 발전을 토대로 데이터 중심 분석과 고객 맞춤형 서비스 확장을 준비하는 경우가 늘어나고 있다(한주리, 2024a).

이러한 사례로 개인 맞춤화된 추천 서비스를 제공하는 '인키트(Inkitt)' 플랫폼이 자주 거론된다. 인키트는 2013년 작가들을 위한 커뮤니티 플랫폼으로 베를린에서 설립되었으며, 현재는 미국 샌프란시스코를 거점으로 운영하는 세계 최초로 AI가 적용된 출판 플랫폼이다. '인키트'는 회원들이 누구나 자신의 글을 연재할 수 있고 홈페이지에 등록된 인디 작가들의 글을 찾아 읽을 수 있는 오픈 커뮤니티를 기반으로 한다. 공평하고 객관적인 출판을 목표로, 누구나 직접 자신의 작품을 업로드하고 독자의 피드백을 받고 출간 기회를 얻을 수 있다. 인키트 플랫폼에 업로드된 작품 중 데이터 알고리즘을 통해 선별된 작품은 미세 조정을 거친 뒤 출간되어, 인키트의 도서 플랫폼인 갈라테아(Galatea)에서 유통되고 판매된다. 인키트는 창업 초기 390만 달러의 펀드를 유치했는데, 데이터와 커뮤니티라는 방식을 활용해 책의 판매 분석, 독자 행동 데이터 분석을 적극적으로 출판 비즈니스에 적용했다. 이러한 고객 데이터를 바탕으로 베스트셀러를 예측하고 실제 70~80%의 베스트셀러 적중률을 보이면서 각광을 받은 바 있다. 페이스북 로그인을 사용하기 때문에 독자들의 나이, 성별, 직업, 주소 등 기본적인 인구통계학적 데이터를 보유하고 있으며, 빅 데이터와 인공지능을 활용해 회원들의 독서 속도, 선호 장르, 독서 장소, 독서 시간대 등 가능한 모든 데이터를 취합하고 분석한다(이승준, 2018). 이러한 개인 맞춤형 비즈니스의 확장은 점점 개인주의화 되어 가는 문화적 현실과 맞물려 가는 측면이 있다.

그린필드(Greenfield, 2013)는 지난 2세기 동안 미국에서 출판된 책에서 단어의 빈도를 분석했는데 선택, 유일함, 자아, 개인과 같은 개인주의 측면을 강조하는 단어가 증가했다(김종보, 2021). 즉 문화적 측면의 개인주의적 성향을 반영하듯 독자 개개인의 독서 행태를 데이터 분석 과정에서 파악하고, 이를 편집 과정에 활용함으로써 출간된 도서의 판매량 증가에 영향을 주는 방식으로 비즈니스를 확장했다.

또한 AI 기술은 장애인과 비장애인 모두를 위한 교육 콘텐츠 개발에도 기여하고 있다. 예를 들면, 수어 교육의 접근성과 효율성을 개선하기 위해 핸드 트래킹(Hand Tracking)과 대화형 AI를 활용하여 VR 실감형 수어 교육 콘텐츠를 개발하기도 한다. 사용자는 이 콘텐츠를 통해 실시간으로 수어를 학습하며, 가상 환경에서 직접적인 의사소통을 경험할 수 있다(천재성 · 문일영, 2024). 이러한 통합 접근 방식은 수어 학습의 몰입감을 크게 향상시켰고, 학습자에게 더 깊은 이해를 제공하여 수어 학습의 장벽을 낮추는 데 기여했다.

참고문헌

김종보(2021.4.28). 문화는 어떻게 변화해 왔는가? 스티븐 하이네의 〈문화심리학(Cultural Psychology)〉, brunch Story, https://brunch.co.kr/@jongbo/25

신지선 · 김은미(2017). 인공지능 번역시스템의 출현에 대한 소고. ≪번역학 연구≫, 18(5), 91-110쪽.

이승준(2018.12.17). 베스트셀러 편집자, 인공지능 인키트(Inkitt), 투이컨설팅, https://www.2e.co.kr/news/articleView.html?idxno=204123

이구용(2024). 출판시장에서의 AI 수용 양상 연구. ≪국제언어문학≫, 58권, 201-225쪽.

조형주(2022.5.3). "AI가 날 울리고 웃기네"…SF영화부터 소설까지 집필하는 AI. AI TIMES, https://www.aitimes.com/news/articleView.html?idxno=144388

천재성 · 문일영(2024). Hand Tracking과 대화형 AI를 활용한 VR 실감형 수어 교육 콘텐츠 개발 연구. ≪한국항행학회논문지≫, 28(3), 369-374쪽.

한보라(2024). AI와 웹툰 창작자의 미래 상생 방향. ≪한국컴퓨터정보학회논문지≫, 29(2), 87-99쪽.

한주리(2024a). 출판문화의 변화와 미래, ≪출판N≫, Vol. 54, 2024년 7-8월호, https://nzine.kpipa.or.kr/sub/hotcool.php?ptype=view&idx=855

FasterCapital(2024.6.28). User generated content: UGC: User generated Content: A Game Changer for Marketing Strategies. retrieved from https://fastercapital.com/content/User-generated-content

--UGC---User-generated-Content--A-Game-Changer
-for-Marketing-Strategies.html

03
AI와 생산, 제작, 유통의 변화

AI를 활용한 저자의 변화, 디자인과 마케팅 활용, 유통 과정의 AI 적용 등 AI가 출판의 생산, 제작, 유통 분야에 가져올 변화와 효율성을 살펴보았다. 예를 들면, AI 기술을 활용한 로고 디자인 플랫폼, AI를 활용한 마케팅 활동 등 다양한 변화가 나타나고 있다. 또한, AI 기술로 인하여 관련 종사자의 변화에 대한 요구도 함께 나타나고 있다.

AI와 난임 극복?

출판의 생산과 AI

학습된 데이터를 기반으로 새로운 콘텐츠를 만드는 '생성형 AI'가 창작 분야에서 주목을 받고 있다. 2021년에는 이미 AI 소설가 비람풍과 소설 감독 김태연의 협업으로 장편소설 『지금부터의 세계』가 출간됐고 국내외 각종 공모 사이트에서 생성형 AI를 활용한 작품들이 대거 등장하면서 사용과 규제에 대한 찬반 논쟁에 휩싸였다. 일부 독자나 창작자는 AI 작품을 허가하는 것이 기존 작가들의 생계를 위협하는 일이며 창의성은 인간의 전유물인 까닭에 이를 바탕으로 한 창작 또한 인간과 비인간이 구분되어야 한다고 말한다(방은아 · 임소연, 2024). 새롭게 도래하는 AI 상용화 시대에 인간 창작자의 고유 영역을 명확히 규명하고, 신진 작가나 기존 창작자들의 역량 개발을 위한 실질적인 가이드라인을 마련할 것이 요구되고 있다(한보라, 2024). 챗GPT가 등장하면서 미국 아마존의 독립 출판 시스템에 AI를 이용하여 집필한 전자책이 대량으로 등록되고 기존의 다른 전자책과 함께 판매되기 시작했다. 'AI 문학은 가능한가'와 'AI는 문학을 어떻게 바꾸는가/ 바꿀 것인가'와 같은 논제는, 지속적으로 그리고 매우 짧은 주기로 '업데이트'되어야 하는 논의다. 문학은 창작에 기반하고, 창작은 독창성과 개성을 중시하기 때문에 기계 등에 의한 유사물품의 대량 생산이나 제조 과정과는 구별된다는 것이 '창작'의 정의다. 우리는 AI 시대가 오면서 '인간이 유일한 문학 · 창작의 주체'라는 명제를 포기할 수도 있는 순간에 직면해 있다.

종이 매체가 독점적인 지위를 차지하고 있던 시기에는 창작의 주체가 '작가 개인' 외의 존재가 될 수 있다는 가능성은 사유나 이론 혹은 상상의 영역에 머물렀다. 이런 상황에서는 '창작 주체'의 조건과 범위에 대한 전향적인 사유가 제약을 받는다. 종이 매체에서 다양한 창작 주체의 시도는 이론가들의 영역이지만, 웹에서는 현상이 선행하고 그것을 이론가들이 파악하며 정리한다. 창작이라는 기호의 외연이 새로운 매체인 '웹'이 주는 새로운 환경에 의해 반추되고, 재점검되고, 수정될 수 있는 계기를 마주한 것이다(김준현, 2023). 첫 번째는 사람이 콘셉트를 만들면 인공지능이 이에 맞게 스토리를 생성하는 방식이다. 완성도는 낮지만 초안을 여러 개 만들고 사람이 이를 선정 및 보완할 수 있다. 두 번째로는 사람이 초안을 만들고 인공지능을 통해서 완성하는 방식이다. 하지만 현 시점에서 창의성을 담은 글은 AI 글쓰기에 전적으로 의존하기 어렵다. 즉, 기술적으로 인공지능이 글은 만드는 것은 가능하지만, 예술적인 작품으로서의 글은 AI 기술만으로 구현하기 쉽지 않다. 인공지능의 작업과 작가의 감성적인 면을 결합하면 좀 더 효율적으로 작업할 수 있다(한국출판문화산업진흥원, 2021). 이 두 가지 협력 모델은 디자인 영역에서도 활용할 수 있다.

디자인 분야에서 AI 활용

구글, 어도비, 마이크로소프트 등의 회사들은 컴퓨터에 창조성을 부여하는 인공지능을 활용한 연구에 적극적으로 투자를 하여 관련 프로그램 개발에 힘을 쏟고 있다(손재권, 2017).

어도비 센세이 GenAI(Adobe Sensei GenAI) 프로그램은 디자이너들이 수행하던 업무를 상당 부분 수행함으로써 창조적인 분야에서 기술을 적용한 변화를 이끌고 있다. 생성형 채우기를 활용해 풍부하고 사실적인 이미지를 정교화할 수 있으며, 파이어플라이(Firefly)에서는 텍스트를 이미지로 생성하고, 일러스트레이터(Illustrator)에서는 '생성형 모양 채우기'를 사용해 아트 웍의 스타일과 분위기에 어울리는 옵션을 확인 및 선택하여 디자인의 완성도를 높일 수 있다. 이렇게 고도의 창의성이 필요한 디자인 분야에서도 인공지능 기술이 창의적 제작 활동에 영향을 미치고 있음을 알 수 있다. 특히 전통적으로 숙련된 그래픽 디자이너들의 영역이었던 로고 디자인에서 인공지능 기술 응용이 활발하게 일어나고 있다.

로고 디자인의 목적은 제품이나 서비스의 핵심을 시각화하여 소비자에게 매력적인 느낌으로 쉽게 기억되게 하는 것이다. 따라서, 같은 카테고리 안에서 브랜드를 상징적으로 잘 표현하면서도 특이성이 있는 로고를 좋은 로고 디자인이라고 평가한다(전우정 · 연명흠, 2019). AI 기반 로고 디자인 서비스 도구는 브랜드 네임을 기입하고 카테고리와 선호 디자인 스타일을 입력하면, 해당 단어와 매칭되는 디자인 샘플을 무작위적이고 선형적으로 노출해 주고 사용자가 선택하는 단순한 시스템이다. 브랜드 본질과 같은 고차원적이고 추상적인 작업을 사람 대신 인공지능을 탑재한 컴퓨터가 수행하는 것은 아직 불가능하다. 즉, AI 기반 로고 제작 사이트에서는 은유 등의 추상적 상징화가 불가능하고, 직접적인 심볼화만 가능한 상황이다.

AI 기업들은 생성형 AI 기술을 적용한 다양한 비즈니스를 새롭게 운영하고 있다. 예를 들면, Design.com이라는 디자인 사이트에서 로고 디자인을 위해 기관명과 키워드를 입력하면 3초도 되지 않아 1만 개의 이미지가 생성된다. 키워드를 추가할 수 있으며, 필터를 적용하여 빈티지 스타일과 같이 다양한 스타일로 다시 만들 수 있다. 색감 또한 푸른색, 보라색, 핑크색 등 원하는 색을 체크하면 그에 맞춰 이미지를 다양하게 생성해 낸다. 또한, 로고 스타일에서 기업 스타일을 체크하여 다시 구성하면 사용자가 원하는 방식으로 구현하여 수십 가지의 새로운 로고 디자인을 생성한다. 특히, 미드저니와 같은 이미지 생성 모델은 상당한 수준의 이미지를 생성해 내기도 한다. 미드저니나 달리2와 같은 프로그램은 별도의 그림 작업 없이 프롬프트 입력만으로 웹툰 이미지를 생성해 낼 수 있다. 신진 웹툰 작가들은 물론이고, 기존 작가들 또한 작업 효율을 높이기 위해 기존 페인팅 프로그램에 탑재되어 있는 자동 채색이나, 자동 음영과 같이 작업 시간을 단축하는 보조 역할형 AI를 활용하고 있다(한보라, 2024). 두 경우 모두 상당 부분에서 아직은 인간 작업자의 재작업이 필요하다는 약점이 있음에도 활발하게 활용되고 있다.

마케팅 분야에서 AI 활용

글쓰기, 이미지, 동영상, 오디오 창작에 생성형 AI가 등장하면서 마케팅 분야에서도 생성형 AI를 잘 활용하는 것이 경쟁력 확보의 현안이 되었다. 기존에는 자료 조사와 인터넷 검색 등으로 마케팅 조사를 했다. 생성형 AI가 나타나면서 기존 검색 서비스에서 제공하는 정보의 나열에서 벗어나 체계적으로 정리된 정보를 제공받게 되었다.

국내의 뤼튼(wrtn.ai) 서비스는 이미지 제작, 과제와 업무를 해결할 수 있도록 도움을 준다. AI 검색을 통해 검색어를 입력하면 비교, 분석 및 최신 소식까지 정리해 주고, 만들고 싶은 이미지를 설명하면 요청에 맞는 이미지를 제작해 준다. 이 외에도 광고 카피라이팅을 대신해 주기도 하는데 주어진 정보에 따라 광고 문구를 생성해 주는 것이다. 프롬프트 사용 예시는 아래와 같다.

[프롬프트]

넌 디지털 마케팅과 콘텐츠 제작 전문가로, 고객 중심의 이야기를 만들어 내야 해. 많은 기업들이 고객 이야기를 통해 제품/서비스를 어필할 수 있도록 도와야 해. 너의 임무는 [도서 『출판과 인공지능』]에 대한 매력적인 광고 문구와 카피라이팅 자료를 만드는 거야. 내 [출판사 "커뮤니케이션북스"]와 [[대상: 출판 전문가 및 출판사 재직자, 대학생]]을 꼭 포함해서 작성해. 너의 대답은 독자의 관심을 끌 수 있는 강력한 헤드라인과 후킹 문구가 있어야 해. 200자 이내로 답을 작성해 줘.

[뤼튼 답변]
헤드라인: "출판과 인공지능: 미래의 출판업을 선도하다!"
후킹 문구: 커뮤니케이션북스가 선보이는 이 책은 출판 전문가와 대학생에게 AI의 혁신적 변화를 탐구하며, 고객 중심의 스토리텔링으로 독자의 마음을 사로잡는 방법을 제시합니다. 지금 바로 미래를 준비하세요!

이와 같이 출판 기획 문서, 출판 홍보 및 광고 문구 등 출판 관련 문서 작업에 활용할 수 있어, 출판사에서도 마케팅 커뮤니케이션에 효율적으로 활용할 수 있는 방안을 강구하는 추세다. AI를 이용하여 다양한 도서의 홍보 문구에 활용하거나 마케팅 전략 수립 시 데이터 분석과 예측 모델링을 제시하기도 한다. 즉, 특정 독자층의 선호도를 분석하여 맞춤형 마케팅을 진행할 수 있다(최재용 · 강미숙 외, 2023).

AI 마케팅의 미래 전망 관련, 전문가들은 향후 5년 내 다음과 같은 변화가 예상된다고 전망했다. 첫 번째로는 초개인화 마케팅의 보편화, 두 번째 AI 기반 실시간 고객

응대 시스템의 고도화, 세 번째 예측적 분석을 통한 선제적 마케팅 전략 수립, 네 번째 AR/VR과 AI의 결합을 통한 몰입형 마케팅 경험 제공이다.

참고문헌

김준현(2023). AI시대의 도래와 웹문예창작교육. ≪돈암어문학≫, 44, 129-161쪽, 10.17056donam.2023.44..129

네이버 문학비평용어사전. https://terms.naver.com/entry.naver?cid=60657&docId=1530942&categoryId=60657

방은아 · 임소연(2024). AI 생성 SF와 포스트휴머니즘 : ChatGPT는 어떤 소설을 생성하는가? ≪인문사회과학연구≫, 32(1), 195-225쪽.

전우정 · 연명흠(2019). 인공지능 기반의 생성적 로고 디자인 사례 연구 - 전통적 방식의 로고 디자인 제작 사례와 비교하여. ≪한국디자인포럼≫, 63권, 171-181쪽.

최재용 · 강미숙 외(2024). 『이것이 AI활용 홍보마케팅 전략이다』. 서울: 미디어북.

한보라(2024). AI와 웹툰 창작자의 미래 상생 방향. ≪한국컴퓨터정보학회논문지≫, 29권 2호, 87-99쪽.

한국출판문화산업진흥원(2021). 인공지능 시대, 출판 생태계의 영향과 전망. ≪출판N≫, vol. 22, 2021년 6월호, https://nzine.kpipa.or.kr/sub/zoomin.php?ptype=view&idx=403

04

AI와 편집자

AI를 사용하여 문법, 맞춤법, 문체 등을 체크하거나 콘텐츠의 일관성을 확인할 수 있는 시대가 왔다. 또한, 출판물의 내용을 자동으로 요약해 주는 기술을 활용하여 독자들에게 출판물의 내용을 효율적으로 파악할 수 있도록 제공 할 수 있다. 출판 생산 과정에서 중요한 역할을 하는 편집자의 관점에서 어떠한 변화가 있는지 알아본다. 향후 편집자의 새로운 역할은 통찰력을 제공하고 윤리적 기준을 유지하는 등 창의력과 연계한 콘텐츠 전략이 될 것이다.

AI와 사주?

기술 발달과 편집자의 역할 변화

편집 기획자의 역할은 시대에 따라 다르게 변화해 왔다. 2000년대 출판 제작 환경의 변화로 인해 콘텐츠가 더욱 중요해지면서 기획자로서 편집자의 역할과 능력이 중요한 변수로 떠올랐다. 편집 기획자를 중심으로 하는 임프린트 출판 형태가 나타났고, 제작 환경의 디지털화로 인해 도서 제작 공정이 간편화되어 제작비를 절감했으며, 인터넷 서점의 등장과 마케팅 시스템의 도입, 기획사와 에이전시 등 외부 시스템이 발달하게 됐다.

한주리(2006)의 연구에 따르면, 디지털 기술은 출판물 생산 과정을 더욱 단순화시켰지만, 유연 전문화 과정의 도입으로 개별 편집자에게 요구하는 능력이나 기술은 점차 많아졌다. 결국 기술력이 발달한 정보화 사회가 될수록 정보 지식을 어떻게 가공하고 재배열하느냐가 더욱더 중요한 과제로 떠오른 것이다.

기술 발달이 거듭되면서 편집자에게 요구하는 변화도 지속적으로 증대되었다. 특히 인공지능 시대에 다양한 형태의 플랫폼과 AI 기술이 확대되면서, 새로운 콘텐츠를 개발하고 콘텐츠에 독창성을 부여하는 출판 편집자 본연의 임무가 더욱 부각되고 있다.

편집자는 과거부터 도서 매체의 중매자이자 연출자의

역할을 해왔다. 저자와 독자의 중간에 서서 저자의 사상이나 문화가 올바르게 활자화되어 독자가 이를 정확히 이해하고 흡수하도록 연출하기도 하고, 저자가 새로운 사상이나 문화를 창조하도록 자극하고 도와주는 촉매자 역할을 하기도 한다(고연기, 1986). 편집자는 끊임없이 새로운 문화를 창조하는 데 기여한다는 긍지를 갖고 편집에 몰두하기 때문이다.

과거 편집자의 역할이 원고를 습득하고(acquire), 교정하며(repair) 출판하는(publish) 일이었다면(주디 맨델, 2000), 기획 출판이 활성화된 이후에는 문화적 리더로서 끊임없이 새로운 영역을 찾아내는 발견자의 역할을 요구한다. 또한 글로벌화 전략 수행이나 미래 지향적 비전 제시 능력을 요구받기도 한다(한기호, 2002).

21세기 출판은 직접 소통이 가능해지면서 소통의 범위, 방식, 문화가 달라졌다는 특징이 있다. 편집자는 "독자와 직접적으로 만나고 창의성과 파트너십을 발휘하면서 가치를 드높일 수 있다"(김학원, 2002)고 편집자의 역할을 규정하고 있다. AI 중심의 기술적 격변 속에서 인간 편집자의 역할은 무엇일까? AI 기술이 발전함에 따라 인간 편집자의 역할도 진화될 것이다.

AI 주도 세계에서 인간 편집자의 역할

AI 콘텐츠 생성의 증가로 인간 편집자의 역할이 감소한다 생각할 수 있지만, 인간 편집자는 쓸모없어지기는커녕 그 어느 때보다 중요하다. AI가 일상적인 콘텐츠 생성 업무를 수행하는 동안, 인간 편집자는 전략적이며 창의적인 작업에 집중하게 된다. 즉, 단순한 교정, 교열은 AI를 통해 쉽게 수행하고, 인간 편집자는 콘텐츠 생성 프로세스에 창의성, 편집에 대한 판단, 콘텐츠의 품질 관리, 윤리적 감독에 이르기까지 다양하고 중요한 역할을 수행한다.

포브스(Forbes, 2024)에서 최고라고 인정한 언디텍터블(undetectable.ai)과 같은 AI 도구는 AI가 쓴 글을 감지해서 사람이 쓴 형태로 변환시킨다. 지속적으로 변화하는 콘텐츠 제작 환경에서 인간 편집자의 역할이 중요한 영역은 콘텐츠의 품질인데, 편집자가 살펴본 콘텐츠는 AI가 제시하는 수준을 넘어서 고유한 감성을 지닌다. 특히 인간 편집자가 지니는 가장 중요한 공헌 중 하나는 창의성의 가치다(Mohamed, 2023). 인간의 창의성은 여전히 콘텐츠 제작의 핵심이다. AI 알고리즘과 달리 인간 편집자는 콘텐츠에 독창성, 뉘앙스, 재치를 불어넣을 수 있는 능력이 있다. 이들은 AI가 생성한 콘텐츠를 검토하고 수정하며, 창의성, 감정적 공명, 그리고 스토리텔링 능력을 콘텐츠에 불어넣는다. 이러한 작업은 단순히 정보를 전달하는 것을 넘어 독자를 사로잡고 공감하게 만드는 데 필수적이다.

인간 편집자는 풍부한 경험을 바탕으로 편집에 대한 판단력을 제공한다. 이들은 언어의 미묘한 차이와 맥락을 이해하며, 콘텐츠의 정확성과 일관성을 보장한다. AI가 놓칠 수 있는 정보의 불일치나 오류를 식별하고, 콘텐츠의 품질을 높이는 데 중요한 역할을 한다.

가장 중요한 것은 인간 편집자가 콘텐츠 생성에서 윤리적 기준을 지키는 수호자 역할을 한다는 것이다. 편집자는 표절, 편견, 오해의 소지가 있는 정보를 탐지하고, 윤리적 가이드라인을 준수하여 책임 있는 콘텐츠 생성을 보장한다. 이러한 역할을 통해 인간 편집자는 콘텐츠 생산자와 독자 간의 신뢰를 유지하고, 품질과 윤리 기준을 지키는 데 핵심적인 역할을 수행한다.

콘텐츠로 넘쳐나는 세상에서 신뢰는 귀중한 상품이다. 편집자는 AI가 생성한 콘텐츠를 정제하고 개선하는 데 필수적인 역할을 한다. 결론적으로, AI가 콘텐츠 생성에 기여하는 시대에서도 인간 편집자의 존재는 여전히 필수적이며, 이들의 전문성과 윤리적 판단력은 콘텐츠의 품질을 보장하는 데 중요한 역할을 한다.

AI 주도 세계에서 편집 작업의 미래

모하메드(Mohamed, 2023)에 따르면, 미래의 콘텐츠 제작에서 인간 편집자와 AI 간의 관계가 계속 진화할 것은 분명하다. 그는 AI 중심 세계에서 편집 작업의 변화 가능성과 새로운 트렌드를 살펴보며, 콘텐츠 환경을 형성하는 데 인간 전문성의 중요성을 지속적으로 강조한다. AI 중심의 세계에서 인간 편집자의 역할은 변화할 가능성이 높다. AI는 일상적이고 데이터 중심적인 업무를 맡게 되는 반면, 편집자는 콘텐츠 전략, 창의성, 청중 참여, 윤리적 감독 등 상위 수준의 책임에 집중하게 될 것이다. AI가 생성한 콘텐츠에서 윤리적 기준을 유지하고 편견을 완화하는 데 편집자의 중요성은 커질 것이다. 편집자는 콘텐츠 생성에서 공정성, 포용성 및 투명성을 보장하기 위해 AI 모델을 구현하고 개선하는 데 중요한 역할을 하게 된다.

AI 주도 세계에서 편집자는 새로운 영역을 발견하는 역할을 하게 된다. 미래 지향적 비전 제시와 문화적 리더로서의 발견자 역할을 수행하기 위해서는 지속적인 학습과 적응을 위한 노력이 끊임없이 요구된다. 편집자는

AI와 콘텐츠 생성 기술의 최신 발전 내용과 진화하는 윤리 지침과 규정에 대한 정보를 체크하여 최신성을 유지해야 하며, 전문적 개발 역량을 갖추는 것도 성공에 필수적이다. 인간 편집자를 지원하기 위해 설계된 AI 기반 도구는 더욱 정교해질 것이다. 편집자에게 콘텐츠 개선을 제안하며 다양한 플랫폼과 청중을 위해 콘텐츠를 최적화하는 등 인간 편집자의 거시적 안목과 통찰력을 높이는 데 도움을 줄 것으로 보인다.

편집자는 AI를 활용하여 문법, 맞춤법, 문체 등을 점검하거나 콘텐츠의 일관성을 확인하고, 출판물의 내용을 자동으로 요약하여 독자에게 효율적으로 정보를 제공할 수 있다. 또한, AI의 사용자 데이터에서 선호도를 분석하는 능력 덕분에 편집자는 독자에게 고도로 개인화된 콘텐츠 경험을 제공할 수 있다. 인간 편집자는 추천받은 콘텐츠를 조정하여 개별 청중에게 맞춤화된 메시지를 전달함으로써, 독자에게 더 깊은 공감을 불러일으킬 수 있다.

미래 콘텐츠 제작에서의 이와 같은 변화는 인간의 창의성과 편집 판단의 가치를 더욱 부각시킬 것이다. 지금까지 다양한 출판 환경 변화 속에서 인간 편집자의 중요성은 지속되어 왔으며, AI 시대에도 정보를 전달하고, 영감을 주며, 참여를 유도하는 콘텐츠 제작에 있어 인간의 손길은 여전히 대체 불가능하다는 사실을 일깨운다.

향후 출판 조직은 AI와 인간 편집자가 조화롭게 협력하여 서로의 강점을 활용하고 고품질의 윤리적 콘텐츠를 제작하는 협업 환경을 조성할 수 있다. 조직은 AI를 활용할 수 있는 여건과 토대를 마련함으로써, 신중하게 계획하고, 훈련하고, 변화하는 환경에 적응함으로써 잠재적 위험을 완화하고 이러한 파트너십의 이점을 얻도록 해야 할 것이다.

결론적으로, AI 중심 세계에서 편집 작업의 미래는 변형과 적응이다. 인간 편집자는 콘텐츠 제작의 핵심으로 남아, AI의 역량을 활용하여 작업을 효율적으로 개선하고, 청중에게 깊은 공감을 불러일으키는 콘텐츠를 제공할 것이다. 인간의 전문성과 기술 혁신 간의 이러한 협력은 윤리적이고 창의적으로 매력적인 콘텐츠를 달성하는 데 핵심이 된다. 이를 바탕으로 편집자는 독자와 직접 만나는 접점을 늘리고, 창의성을 발휘하면서 출판의 가치를 높이는 데 더욱 중요한 역할을 하게 될 것이다.

참고문헌

고연기(1986). 『편집자의 세계』, 서울: 보성사.

김학원(2002). 21세기 출판과 편집자 브랜드의 시대, 『출판기획』, 서울: 한국출판마케팅연구소.

한기호(2002). 왜 다시 기획인가. 『출판기획』, 서울: 한국출판마케팅연구소.

한주리(2009). 한국 출판편집자들의 사회적 지위에 대한 탐색적 연구 – 중국, 일본, 한국의 사례를 중심으로. ≪한국출판학연구≫, 35(1), 425–463쪽.

Mendel, J.(1995), *Book editors talk to writers*, New York: John Wiley & Sons, Inc., 남정우 옮김(2000), 『편집자가 작가에게』, 서울: 예영커뮤니케이션.

Mohamed, A.(2023.10.7). The Role of Human Editors in an AI–Driven World: Balancing Creativity, Quality, and Ethics, *Medium*, https://medium.com/@karama1976/the-role-of-human-editors-in-an-ai-driven-world-balancing-creativity-quality-and-ethics-92d98eca9f6e

05
AI와 독자 맞춤형 서비스

향후 출판 종사자들은 수집된 데이터를 분석하여 독자의 독서 습관, 콘텐츠 선호도, 시장 동향 등을 파악하고 개인화 영역을 확대할 수 있다. 데이터 분석을 통해 출판 전략을 수립하거나 콘텐츠 개선에 활용할 수 있을 것으로 보이며, 독자의 관심사나 선호에 따라 콘텐츠를 추천하거나 맞춤형 서비스 제공에 활용할 수 있다.

AI와 아이돌?

AI와 멀티미디어를 활용한 혁신적인 독서 체험 개발

고객 경험(Customer experience)은 고객이 기업의 물리적 환경, 직원, 기타 고객, 서비스 등과 직·간접적으로 접촉함으로써 발생하는 개별적인 평가 또는 반응이다(Grace & O'Cass, 2004; 유희승, 2023). 이러한 고객 경험은 구매 결정에 영향을 미치며, 기업은 고객이 경험을 통해 브랜드에 대한 우호적 인식을 갖도록 하기 위한 다양한 노력을 기울인다. 마케팅 커뮤니케이션을 위해 AI 챗봇을 활용해서 고객과 정확하게 상호 작용하고 이용자 경험을 하도록 서비스를 제공하고 있다. 예를 들면, 보험 비즈니스의 경우 자사의 매뉴얼을 AI에게 학습시키고 해당 매뉴얼 내에서 질문에 답변하는 서비스를 제공한다. 이러한 사례는 다양한 영역으로 확대되고 있다.

스마트 폰 및 다양한 소셜 미디어, 게임 앱 등의 등장으로 독서 시장은 최근 20년간 계속 감소하고 있다. 이는 전 세계적인 추세인데 미국 노동통계국이 집계한 자료에 따르면, 2022년 미국 성인의 평균 독서 시간은 하루 15분 정도로 수년 전의 20분 이상에서 감소했다. 이러한 상황에서 인키트(Inkitt)는 보다 혁신적인 독서 체험 제공 방법을 개발하는 데 주력하고 있다. 각 장을 짧게 하여 모바일 단말에서 읽기 쉽게 하고, 텍스트 전체에 소리를 비롯한 다양한 효과를 도입하여 보다 역동적인 독서 체험을 제공함으로써 사용자에게 더 많은 독서 시간과 독서 자체에 대한 관심을 끌어내는 것이다.

독자의 기호에 맞는 책을 만드는 방법도 고민하고 있다. 제목, 스토리 전개부터 첫 한 줄, 클라이맥스까지 작품의 모든 측면에서 사용자를 A와 B 두 집단으로 나누어 평가 작업을 실시하는 종합 대조 실험인 A/B 테스트를 실시하여 독자들의 반응을 더 정확히 예측한다. 인키트는 이러한 방법을 통해 특정 도서뿐 아니라 작품이 전반적으로 어떠한 성과를 거두고 있는지, 무엇이 가장 뛰어난 부분인지 등의 데이터를 얻고 있다. 또한 알고리즘을 활용해 기존 출판사보다 20배 높은 성공률로 베스트셀러를 출간할 수 있다고 주장한다(스트라베이스, 2024). 이 회사는 2024년 2월에 이미 3300만 명의 사용자와 수십 편의 베스트셀러를 출간했고 독창적인 아이디어를 바탕으로 특정 독자를 위한 맞춤화된 소설 버전을 제작했다. 소설을 바탕으로 게임과 오디오북으로의 전환, 소설을 각색한 영상 콘텐츠 등을 통해 영역을 확장해 나가고 있다.

2023년 11월, 스피겔 & 그라우(Spiegel & Grau)의 설

립자 겸 편집자인 줄리 그라우(Julie Grau)는 "이제 이야기는 상품"이며, "특정 형식에 얽매이지 않는다"고 말하면서 북 클럽과 인디 출판사는 멀티 플랫폼 스토리텔링과 오디오북에 투자할 것이라고 전망했다(Dwyer, 2023). 즉 하나의 스토리가 인쇄 도서, 오디오북, 전자책, 영화, 라이브 이벤트 등을 통해 구체화 될 수 있으며 다양한 멀티 플랫폼 방식으로 접근해야 한다는 것이다. 이렇게 되면 책을 읽지 않았던 소비자도 오디오북을 통해 해당 이야기를 좋아할 수 있게 되며 어떠한 형식으로 만나든 해당 콘텐츠를 접할 수 있도록 다양한 접점들을 만들어 내는 방식이 향후 유효성을 지닌다고 하겠다. 이러한 '맞춤형' 도서 프로그래밍이 향후 새로운 물결을 만들고, 이는 앞서 살펴본 인키트의 전략과도 일맥상통한다(한주리, 2024a).

AI가 출판 마케팅 전략에 미치는 영향

AI 혁신은 고객 경험의 혁신이므로 AI 활용을 통해 출판계와 고객에게 유용하게 활용되는 방안을 지속적으로 고민하고 적용하는 것이 요구된다. AI가 출판 마케팅 전략에 개인화된 마케팅, 데이터 분석 및 예측, 블로그 및 소셜 미디어 콘텐츠 생성 및 자동화, 비용 효율성 측면에서 영향을 미치고 있음을 알 수 있다(Sajid, 2024).

마케팅에서 AI의 사용은 기업이 고객과 소통하는 방식을 변화시켰다. 이 기술은 개인화된 고객 경험을 제공하고 반복적인 작업을 자동화할 수 있다. 경영 컨설팅 그룹 맥킨지 앤드 컴퍼니(McKinsey & Company)의 2023년 연구에 따르면, 생성형 AI 사용 사례의 약 75%는 고객 운영, 마케팅 및 영업, 소프트웨어 엔지니어링, R&D의 네 가지 영역에 걸쳐 있으며, 마케팅도 그 중 하나다(Michael Chui, et al., 2023). 예를 들어, 생성형 AI가 고객과의 상호작용을 지원하고, 마케팅 및 판매를 위한 창의적인 콘텐츠를 생성하며, 자연어 프롬프트를 기반으로 컴퓨터 코드를 작성하는 등 다양한 작업이 포함된다.

마케팅 시장 규모에서 인공지능의 사용은 2022년에 147억 9000만 달러 규모이며, 2023년 185억 9000만 달러, 2024년에는 233억 6000만 달러를 차지하고, 2029년 732억 5000만 달러, 2032년 1454억 2000만 달러에 달할 것으로 예측된다. 마케팅에서 상당한 성과를 낼 수 있는 AI의 잠재력에도 불구하고 마케터들은 이 기술을 완전히 채택하는 데 주저하고 있다. 따라서 AI를 사용하지 않는 마케터는 혁신적인 기술의 이점을 놓칠 수 있다는 전망이 가능하다(Sajid, 2024).

마케팅에서 AI 도입 현황과 마케터들이 이를 통해 어떻게 혜택을 받을 수 있는지 살펴보자. 전 세계 마케팅 부서를 변화의 바람이 휩쓸고 있다. 마케터 대상으로 진행한 AI 도입 관련 겟리스폰스(GetResponse)의 설문 조사에 따르면, 응답자의 45%가 이미 마케팅에서 AI 도구를 사용하고 있는 것으로 나타났다. 이들은 프로세스를 자동화하고, 마케팅을 개인화하며, 타깃 오디언스의 요구 사항에 대한 더 깊은 인사이트를 얻기 위해 AI를 활용했다고 밝혔다.

설문 조사에서 주목할 만한 결과는 응답자의 약 3분의 1(32%)이 현재 AI를 사용하지 않거나(26%) AI가 무엇인지 알지 못하는 것으로 나타났다(6%). 이는 AI 마케팅이 가진 이점을 더 많은 사람이 알 수 있도록 인식 개선이 필요하다는 것을 반증한다. 마케터는 AI의 잠재력과 마케팅 노력을 어떻게 강화할지 이해해야 노력만큼의 성공을 거둘 수 있다. AI는 마케터에게 흥미로운 기회를 제공하며, AI의 힘을 적절히 활용하는 얼리 어답터는 시장에서 경쟁 우위를 점할 수 있다.

마케팅에서 AI의 잠재력으로 첫째, 독자 맞춤형 콘텐츠를 통해 개인화된 마케팅을 제공한다. AI를 통해 마케터는 고객 데이터를 모니터링하고 숨겨진 패턴과 트렌드를 파악할 수 있다. 이를 통해 고객의 행동과 선호도를 더 깊이 파악하여 정보에 입각한 의사 결정을 내릴 수 있다. 앞서 인키트의 사례에서도 보았듯이 AI는 독자의 행동 데이터를 분석하여 개인화된 추천 콘텐츠를 제공한다. 이를 통해 독자들은 자신이 선호하는 책이나 자료를 쉽게 찾을 수 있다. 또한, AI는 특정 독자층을 타깃으로 한 마케팅 캠페인을 설계할 수 있어, 더 높은 전환율을 기대할 수 있다.

둘째, 시장 트렌드 분석과 예측 모델링 등 데이터 분석 및 예측이 가능하다. 우선 AI는 방대한 양의 데이터를 분석하여 시장의 트렌드를 파악하고, 출판사들이 전략을 조정하는 데 도움을 준다. 예를 들어, 독자들이 어떤 장르의 책을 선호하는지 분석할 수 있다. 또한, AI는 판매 예측 모델을 통해 출판사들이 재고를 효율적으로 관리하고, 마케팅 전략을 조정할 수 있도록 지원한다.

셋째, AI는 자동으로 콘텐츠를 생성하거나 편집할 수 있어, 제품 설명부터 소셜 미디어 게시물에 이르기까지 개인화된 콘텐츠를 대규모로 생성할 수 있다. AI는 출판사들이 더 많은 콘텐츠를 빠르게 생산할 수 있도록 한다. 특히 블로그 포스트나 소셜 미디어 콘텐츠를 생성할 때 유용하다. 또한, AI는 이메일 마케팅이나 소셜 미디어 포스트를 자동으로 생성하고 발송할 수 있어, 마케팅 팀의 업무 부담을 줄여준다. 이를 통해 마케터는 창의적인 전략에 집중할 수 있고 콘텐츠가 특정 독자층이 공감할 수 있도록 하는 데 집중할 수 있다.

넷째, AI는 마케팅 캠페인의 효율성을 높여 비용을 절감할 수 있도록 한다. AI는 개별 고객 데이터와 행동을 분석하여 하이퍼 개인화된 마케팅 경험을 제공한다. AI 기반 개인화는 역동적인 콘텐츠 추천, 개인화된 이메일 캠페인, 맞춤형 제품 제안을 통해 고객 참여도와 충성도를 높여 전환율과 고객 만족도를 높인다. 또한, AI 알고리즘은 청중(독자, 고객)을 세분화하고, 충성도 높은 고객을 식별하며, 타깃 마케팅 캠페인을 할 수 있다. 이를 통해 캠페인의 효율성을 극대화한다. 이처럼 AI를 활용한 데이터 분석은 마케팅 예산을 최적화하는 데 기여한다. 다섯째, AI는 검색 트렌드와 사용자 행동을 분석하여 검색 엔진 최적화(SEO) 전략을 수행할 수 있다. 이를 통해 마케터는 관련 키워드를 식별하고 검색 엔진에 맞는 콘텐츠를 최적화하며 유기적인 검색 순위를 향상시킬 수 있다.

이러한 모든 노력은 독자 참여 증대를 위한 작업이다. AI는 소셜 미디어에서의 독자 반응을 분석하여 어떤 콘텐츠가 가장 효과적인지 파악하는 데 도움을 준다. 이를 통해 출판사는 향후 마케팅 전략을 조정할 수 있다. 또한, AI를 활용한 VR(가상 현실) 및 AR(증강 현실) 콘텐츠와 같은 인터랙티브 콘텐츠는 독자들에게 새로운 경험을 제공하여 참여를 유도한다.

참고문헌

스트라베이스(2024). 베스트셀러를 만들어내는 AI 기반 출판 플랫폼 Inkitt, 데이터 기반 콘텐츠 기업 등장 예고. ≪디지털 미래와 전략≫, 220호, 73-77쪽.

유희승(2023). AI 시대 출판 마케팅 커뮤니케이션 전략 ChatGPT를 활용한 대학생의 도서 탐구 경험을 중심으로. ≪한국출판학연구≫, 49(4), 33-58쪽.

한국출판문화산업진흥원(2021). 인공지능 시대, 출판 생태계의 영향과 전망. ≪출판N≫, vol. 22, 2021년 6월호, https://nzine.kpipa.or.kr/sub/zoomin.php?ptype=view&idx=403

한주리(2024a). 출판문화의 변화와 미래, ≪출판N≫, vol. 54. 2024년 7-8월호, https://nzine.kpipa.or.kr/sub/hotcool.php?ptype=view&idx=855

Michael C., et al.(2023). The economic potential of generative AI: The next productivity frontier. 2023 Report. McKinsey & Company.

Sajid, H.(2024.4.18). The Current State of AI in Marketing 2024. Unite.ai.

https://www.unite.ai/the-current-state-of-ai-in-marketi
ng-2024/

06
AI와 출판 교육

출판 종사자들은 AI 기술에 대한 이해와 활용 능력을 갖추어야 한다. AI를 활용하여 콘텐츠 생성, 편집, 마케팅 등의 작업을 효율적으로 수행할 수 있다. 출판 종사자들은 기술과 시장의 변화에 대응하기 위해 지속적인 학습과 업데이트가 필요하다. AI와 출판의 융합은 끊임없이 진화하고 있으므로, 출판 종사자들은 최신 동향을 파악하고 적극적으로 학습해야 한다.

AI와 야구?

첨단 기술 인프라로서 교육과 연구에 투자

출판 분야는 콘텐츠를 중심으로 두고 다양한 2차 가공이 가능한 분야다. 이러한 시대이기에 우리 출판 산업의 변화를 위한 민감도와 역량을 키우는 것이 필요하고, 이에 맞춘 직원 재교육과 재훈련이 필요하다. 또한 AI의 원리와 기능을 이해하고 이를 평가, 활용할 수 있는 AI 리터러시(Literacy)를 갖추고 창의적 콘텐츠를 확보하는 방향으로 준비가 필요하다. 이 모든 변화를 위한 준비에 앞서 인식의 전환이 필요하다(한주리, 2024b).

인키트는 자사 로맨스를 기반으로 2023년 11월 숏폼(short-form) 영상 콘텐츠를 제공하는 모바일 앱인 갈라테아TV(GalateaTV)를 출시했다. 이는 독서 플랫폼 사업에서 확장된 것으로, 그 자체로 큰 수익을 내고 있다. 실제로 갈라테아TV에서 출간한 〈아름다운 실수(Beautiful Mistake)〉를 원작으로 한 TV 시리즈 하나만으로도 50만 달러의 수익을 올린 것으로 알려졌다. 출판 산업은 인키트의 전략처럼 독창적인 아이디어를 바탕으로 개별 독자 맞춤형 소설 제작, 게임으로의 전환, 오디오북으로의 재매개, 스토리를 각색한 영상물 등을 통해 영역을 확장해 나갈 준비를 해왔으며 향후 멀티 플랫폼 산업으로의 변화를 꾀하고 있다.

이처럼 AI 시대를 살아가기 위해 출판계는 독자의 니즈를 AI 기술 지식을 바탕으로 어떻게 충족시킬지 파악하고 이를 통찰할 수 있는 능력을 갖추어야 한다. 그러기 위해서는 먼저 출판계가 AI라는 도구의 기능에 대해 올바로 인지하고 이해한 후 어떠한 서비스를 제공할 것인지 고민해야 한다.

모든 출판사가 AI 기술을 적용하고 운영해야 한다고 말하는 것은 아니다. 하지만 출판 산업 분야가 디지털로 전환할 때 디지털과 인재, 자본이 함께 변화하게 되는데, 이때 디지털 기술을 잘 이해하는 인재를 고용하거나 전문 기업과 협업이 필요하다. 또한, 산업이 변화하는 시기에 조직 역량을 키우기 위해서는 조직 내에서 새로운 비전을 공유해야 한다(한주리, 2024b).

출판 생태계의 주요한 축 중의 하나로 도서관이 있다. 이 중에 국립중앙도서관은 2023년 10월 '실감 콘텐츠'인 'K-문학의 재발견: 관동별곡'과 작가 이상을 딥페이크(Deepfake) 기술로 재탄생시킨 '작가와의 만남'을 선보였다. 2024년에도 실감 콘텐츠라 불리는 신기술 융합 콘텐츠를 지속적으로 확대 개발하고, 문화체육관광부 실감형 체험관 조성 사업에 선정된 공공도서관에도 콘텐츠를 지원할 예정이다. 국립어린이청소년도서관에서는

2019년부터 '인공지능 국가 전략'에 의거하여 어린이에게 독서 흥미를 심을 수 있는 '인공지능 기반 독서 활동 지원 로봇(Read to a Robot)' 서비스 개발을 추진해 왔으며, 2024년 11월에 시범 운영되었다. 이처럼 AI를 활용한 로봇을 통해 어린이들의 독서 흥미를 높이고 정서적 안정과 자신감을 향상시키기 위한 노력을 기울이고 있다(한주리, 2024b).

2023년부터는 AI를 활용한 교과서 개발도 진행되고 있는데, 교육 분야도 마찬가지지만 어느 주제든 인공지능 전문가 시스템이 구성되어야 프로젝트 진행이 가능하다. 특정 분야의 인공지능 전문가 시스템을 구성하기 위해서는 지식 공학자, 프로그래머뿐만 아니라 해당 분야 주제 전문가가 필요하다. 단순히 인공지능이나 IT 기술 전문가만으로는 인공지능 전문가 시스템을 구축할 수 없다. 즉, 출판 분야 전문가가 지식 공학자나 프로젝트 관리자와 커뮤니케이션하면서 관련 AI 시스템을 구축할 수 있어야 한다. 결국 디지털 비즈니스를 가능케 하기 위해서는 출판 생태계의 변화 속에서 디지털 역량과 창의성을 겸비한 인재가 필요하며 이는 출판 관련 인재 양성과 지원 체계 강화를 통해 지속 가능성을 지닌다.

AI가 가져올 부정적인 영향에 대한 우려

인공지능 역할이 창작 및 제작 영역에 영향을 줄 수 있다는 맥락에서 발생한 참고할 만한 사건으로 생성형 AI 관련 변화에 대한 창작자 집단의 대응이 있었다. '미국 작가 조합(Writers Guild of America, WGA)'은 2023년 5월 이후 수 개월간 노사 협상 조건으로 작품 제작에 인공지능의 도입을 중단하고 조합 소속 작가가 창작한 것을 인공지능이 학습하지 못하도록 해야 한다고 주장했다. 그만큼 창작 영역에도 인공지능이 가져올 수 있는 기존 질서 변화에 창작자들의 영역을 사전 방어하고 보호하기 위한 움직임을 보이고 있다(한주리, 2024).

구체적으로 살펴보면, 미국 작가 조합 WGA(Writers Guild of America)의 AI 동행 실험과 파업이 진행됐다. 미국의 WGA는 인공지능을 이용해 대본을 쓰는 것을 일정 부분 허용키로 했다. 다만 작가 크레딧(Writing Credit)을 나누거나 스트리밍이나 VOD로 방송될 때 추가로 받는 잔여 수익인 리지듀얼(residuals)에 영향을 주지 않는 조건에서다. 1만 1000명이 속해 있는 미국 작가 조합은 2023년 3월 20일 AI 규제 등을 포함한 주요 요구 사항(pattern of demands)을 놓고 회원 투표를 실시했다. 이 요구 사항은 미국 작가 조합이 주요 스튜디오와 작가들에 대한 대우와 보상을 협의할 때 적용된다. 주요 요구 사항에는 스트리밍 서비스 전송에 대한 작가 수익 배분 확대, 미니 시리즈 확대 현상, 에피소드 집필 시 추가 시간에 대한 보상(span protection) 등이 포함됐다. 이번 제안은 AI를 작가라기보다 각본의 창작 도구로 인정했다는 점에서 매우 의미가 크다. 미국 작가 조합은 작가들이 AI 서비스 기업의 크레딧 제공 요청에 휘말리지 않고 기술의 장점을 최대한 활용할 수 있도록 이번 조항을 마련했다고 밝혔다.

미국 작가 조합은 이후 5월 2일 처우 개선을 요구하며 파업에 돌입했는데, 협상 조건 중 'AI가 대본을 작성하거나, 작가들이 작업한 대본을 AI로 수정하거나 각색해서는 안 된다'는 내용을 포함했다. 장기간 이어온 협상은 현지 시간 2023년 9월 24일에 마무리되었으며, 작가들의 대본으로 학습한 AI가 작품에 부분적으로만 사용되더라도 원작 대본에 대한 보상을 지급하기로 했다. 작가들의 입장에서 AI 도입에 따른 일자리 감소에 대한 근본적인 문제는 해결할 수 없었지만 저작권 수입은 얻을 수 있게 됐다.

둘째, 챗GPT의 급격한 기술 발전과 보급이 야기한 세계적인 관심의 이면에서는 챗GPT의 부정 사용과 학계와 사회에 미칠 수 있는 부정적인 영향에 대한 우려가 존재한다. 인공지능 리터러시 능력을 갖추지 못하면 이용자와 사회는 최신 도구를 설계하고 조작하는 소수의 집단에 이용당한다는 우려가 제기되고 있다(구본권, 2023; 유희승, 2023). AI 모델을 통해 생성된 콘텐츠에서 편향성이 나타날 수 있다. 결과물에서 편향 문제를 피하기 위해서는 다양한 데이터와 대표성을 확보하는 것이 요구된다. 또한, 조직은 AI가 생성한 자료에서 편향을 식별하고 바로잡기 위한 전략을 구현해야 한다. 생성형 AI를 통해 생성되는 데이터는 오류와 편견이 담긴 답이 도출될 수 있어 사용자가 확인할 수 있어야 한다. 인간 편집자는 잠재적인 편향을 식별하고 해결하는 데 중요한 역할을 하게 되는데, 콘텐츠 생성에서 다양성과 포용성의 중요성을 파악하고 원고를 도서로 만드는 과정에서 편견과 공정성을 해결하기 위한 노력을 기울여야 한다.

AI 교육과 맞춤형 학습 효과

AI 교육은 인공지능 기술을 활용하여 학습자들의 학습을 도와 효율적인 학습을 할 수 있게 해주는 방법을 의미한다. 학습자들의 학습 수준과 성향을 분석하여 맞춤형 콘텐츠를 제공하고, 학습 과정에서 발생하는 문제를 진단하고 해결하는 등 다양한 기능들을 활용한다.

AI 교육은 단순히 지식을 전달하는 것을 넘어 학습자들이 자기 주도적으로 지식을 습득하고 응용할 수 있도록 돕는 것이 목표이기 때문에 기존 학습법과는 큰 차이가 있다. AI 교육 플랫폼은 현대 교육의 패러다임을 바꾸는 주요한 요소 중 하나로 자리잡고 있다. 이를 통해 학습자들은 기존의 강의 방식에서 벗어나 자기 주도적으로 학습할 수 있게 되었고, 교사들은 개별 학생의 학습 상태를 더욱 정확하게 파악하여 맞춤형 지도를 제공할 수 있게 됐다.

이를 위해 AI 기술은 학습자들의 학습 데이터를 분석하여 개별적인 학습 계획을 수립하고, 적절한 학습 자료와 활동을 제공한다. 또한, 학습자들의 학습 상태를 실시간으로 모니터링하여 필요한 지도나 개입을 제공함으로써 학습 효과를 극대화한다(AI타임스, 2024).

편집자와 출판계 종사자는 AI로 콘텐츠를 생성하는 등 변화하는 환경에 적응해야 하는데 특히, 편집자가 최신 AI 도구, 모범 사례 및 윤리적 고려 사항에 대해 최신 정보를 얻을 수 있도록 지속적인 교육과 훈련이 필수적이다. 조직은 종사자를 위한 지속적인 학습 및 개발 프로그램에 투자해야 한다. 또한, 저작권과 오픈 액세스(open access) 등 법률적인 지식도 갖추어야 한다.

참고문헌

구본권(2023). 챗GPT 시대의 필수역량 'AI 리터러시'. ≪KISO 저널≫, 50호, 36-39쪽.

양준석(2024.6.7). AI를 활용한 교육은 무엇이 준비되고 있나. ≪AI Times≫, https://www.aitimes.com/news/articleView.html?idxno=160389

윤민혁(2023.09.27). 할리우드 작가 파업 종료… "AI 대본 저작권 합의", ≪서울경제≫, https://www.sedaily.com/NewsView/29UUHYUDMU

전진영(2023.05.11). AI로부터 예능계 보호해야.. 日 연예계 종사자들, 정부에 호소, ≪아시아경제≫, https://view.asiae.co.kr/article/2023051015501967585

한주리(2024). 출판문화산업 진흥을 위한 제언. ≪출판N≫, vol. 51, 2024년 1월-2월호, https://nzine.kpipa.or.kr/sub/coverstory.php?ptype=view&idx=823

WGA(2023). Negotiations—Status as of May 1, 2023. https://www.wga.org/uploadedfiles/members/member_info/contract-2023/WGA_proposals.pdf

07
오픈 액세스와 저작권

AI의 발달은 향후 출판 분야에서 오픈 액세스 출판을 더욱 촉진시킬 수 있다. 오픈 액세스는 저작물에 대한 자유로운 접근과 이용을 의미하며, AI를 활용하여 저작물 생산과 공유를 더욱 효율적으로 할 수 있다. 이와 별개로 AI 기술 및 비즈니스와 관련한 저작권 이슈도 함께 논의되어야 한다. AI와 출판의 융합은 저작권과 관련된 이슈를 도출할 수 있으므로, 출판 종사자들은 저작권과 관련된 법적 지식을 갖추고 적절히 대응할 수 있어야 한다.

AI와 윤동주?

AI를 활용한 창작물에 대한 저작권 이슈

저작권법에는 정보의 수집과 전달 방식에 대한 역사적 의미가 담겨 있다. 기록이 있기 전에 정보의 수집은 스스로 체득하거나 선인에 의한 구전을 통해 이루어졌다. 입에서 입으로 정보가 제3자에게 전달되면서 확산된 것이다. 이러한 과정에서 문자가 발명되고, 서기 100년 후한(後漢)의 채륜(蔡倫)에 의해 종이가 발명되면서 정보는 구전이 아닌 기록이라는 누적되는 문화로 발전해 갔다(김윤명, 2023). 저작권은 저작물을 사용·수익·처분할 수 있는 권리다. 즉, 저작권을 양도하거나 이용을 허락할 수 있는 권리이며, 창작과 동시에 발생한다. 저작권은 창작한 자에게 귀속하며, 별도의 등록 과정 없이도 권리가 발생한다는 점에서 특허권과는 다르다.

생성형 AI 모델은 인간의 고유 영역이라고 믿었던 예술 창작의 영역까지 확장하여 진행되고 있다. 해외 여러 공모전에서 인간의 창작과 버금가는 수준의 결과물을 제출하여 수상을 하는 등 논란이 지속되고 있는 시점에서 생성형 AI와 관련된 저작권 이슈는 다양하다. 생성형 AI는 활용성이 높은 만큼 그 부작용 또한 심각한 문제로 대두되고 있다.

네덜란드 헤이그의 마우리츠호이스 미술관이 페르메

이르의 '진주 귀걸이를 한 소녀'를 암스테르담 국립미술관에 대여하는 동안 이를 대체할 애호가들의 모작을 공모해 전시하였는데, 독일 베를린에서 크리에이터로 활동하는 율리안 판디컨이 미드저니의 결과물을 포토샵으로 작업하여 출품하였으며 최종 5점에 선정되어 전시됐다(김동호, 2023). 이를 두고 예술계에서 강한 논쟁이 벌어졌다. AI는 기존의 예술 작품을 데이터 삼아 학습하기 때문에 예술가들의 저작권을 침해하고 있으며, 이를 활용한 결과물을 창작물이라고 보기는 어렵다는 접근이 기존 예술계의 평가다. 이에 반해 대량 학습을 기반으로 만들어진 AI 프로그램을 통해 새로운 결과물을 만들어 낸다는 관점에서 예술 작품으로 인정해야 한다는 입장도 있다.

다시 말해 인공지능이 생성한 그림은 결국 기존에 존재한 이미지를 활용하기 때문에 첨단 기술로 둔갑한 표절의 한 형태일 뿐이라는 주장과, 이미지 변환을 위한 적절한 문구를 생각해 내는 것에도 인간의 창의성이 요구되므로 AI로 작품을 만드는 것은 포토샵 같은 이미지 편집 프로그램을 사용하는 것과 큰 차이가 없다고 주장하는 예술가들이 대립하고 있다. 또한 AI 활용 저작물이 등장하면서 아티스트라는 직업을 소멸하게 만든다는 우려도 확대되고 있다(한주리, 2023).

저작권자의 권리 침해 문제

AI 이미지 생성 모델인 미드저니로 그린 그림이 미국 콜로라도 주립 박람회 미술 대회 디지털 아트 부문에서 수상한 〈스페이스 오페라 극장(Théâtre D'opéra Spatial)〉 사건이 있다.(The Economic Times, 2022), 이를 계기로 AI 모델이 만든 콘텐츠는 표절이나 저작권 침해를 이유로 수상을 금지해야 한다는 여론이 여러 칼럼을 통해 제기되기도 했다(Roose, 2022). AI 이미지 생성 모델 관련 일련의 사건이 발생하면서 인공지능이 아티스트와 기타 창작자의 권리를 침해하는 제품을 만들었다는 혐의로, 스태빌리티AI(Stability AI), 미드저니, 디비언트아트(DeviantArt) 3개 사를 상대로 하는 집단 소송도 제기됐다(문상현, 2023).

구체적으로 이미지 판매 사이트인 게티이미지(Getty Images)가 이미지 생성 AI 도구를 개발한 스태빌리티AI에게 저작권 위반 혐의로 소송을 제기했다. 게티이미지는 2023년 1월 17일 성명서를 통해 스태빌리티AI가 저작권으로 보호되는 수백만 개의 이미지를 불법적으로 복사해 대량 언어 생성 모델을 만드는 데 활용했다면서 영국 런던 고등 법원에 최대 1조 8000억 달러, 한화로 약 2268조에 달하는 초대형 손해 배상 소송을 제기했다(차주정, 2023). 또한, 2월 3일에는 미국 델라웨어 지방 법원에 손해 배상 소송을 제기했다. 게티이미지의 CEO 크레이그 피터스는 스태빌리티AI의 이미지 사용이 영국이나 미국 저작권법에서 보호되는 '공정 사용'에 해당되지 않는다고 주장했다(정병일, 2023).

스테이블 디퓨전의 이미지에서 게티이미지의 워터마크를 포함한 이미지를 생성한 사례들이 발견되고 있다. 이 사건은 사진과 예술 업계의 화두로 떠오른 인공지능 생성 도구의 제작, 활용 기준을 세울 이정표가 될 전망이다. 사진 데이터와 인공지능 생성 도구의 역할 비중, 수익 배분에도 영향을 줄 것으로 예상한다(한주리, 2023).

생성형 인공지능과 관련한 저작권 이슈는 AI 기술 발전을 위한 필연적 선택으로 보아야 한다는 입장과 저작권 침해라는 법적 문제로 다뤄야 하는지에 대한 입장이 나누어져 논의가 지속되고 있다. 이를 위해 생성형 AI에서 활용할 수 있는 데이터의 도달 범위 및 이용할 수 없는 영역에 대한 논의가 필요한 상황이다.

2023년 1월부터 ≪사이언스(Science)≫나 ≪네이처(Nature)≫에서 챗GPT 또는 다른 인공지능 도구를 공동 저자로 기재한 논문을 승인하지 않고 있다(Sample, 2023). 저작권법상 공동 저작물을 작성한 사람들은 공동 저작자가 되지만, 저작자는 자연인만 인정된다는 점에서 사람이 아닌 제3의 권리 주체가 인정되기는 어렵다. 또한, 2023년 편집 정책을 업데이트하여 생성형 인공지능 도구를 사용해서 생성한 텍스트는 물론, 도형, 이미지 또한 사용할 수 없음을 명시하고 있다(Thorp, 2023). 따라서, 저작자는 저작물을 창작한 자로 기계는 저작권법상 저작자로 인정받을 수 없다. 오픈AI의 경우 해당 프로그램을 통해 만들어진 생산물에 대해 저작권을 주장하고 있지 않다.

미국에서 AI와 관련한 저작권 판례를 찾아볼 수 있다. 2022년 2월과 2023년 2월, 미국 저작권청은 AI가 독자적으로 그린 작품이 '인간'의 창작물이라는 조건을 갖추지 못해 저작물로 등록할 수 없다고 결정했다. 구체적으로, AI가 독자적으로 그린 미술 작품 〈파라다이스로 가는 입구(A Recent Entrance to Paradise by Creativity Machine)〉에 대해 미국 저작권청은 2022년 2월 14일 저작물 인정 소송에서 저작권 인정을 하지 않았다(US Copyright Office, 2022). 이에 대해 스티븐 탈러(Stephen Thaler)는 이 결정에 불복하는 소송을 제기했고,

2023년 8월 워싱턴 D.C. 연방 지방 법원은 미국 저작권청의 거절 결정을 지지하는 판결을 내렸다(차상육, 2023). 또한, 카슈타노바(Kris Kashtanova)가 글을 쓰고, 미드저니를 이용해 그림을 그려 만든 그래픽 노블 〈새벽의 자리야(Zarya of the Dawn)〉의 저작물 인정 소송에 대해 2022년 9월 글과 그림에 저작권 인정하였으나, 2023년 2월 21일 미국 저작권청(USCO)이 재검토를 통해 AI 생성 이미지의 경우 요건을 충족하지 못하기 때문에 저작물로 등록할 수 없다는 결정을 내렸다. 생성형 AI가 만든 창작물은 인간의 창작물이 아니어서 저작권법의 보호 대상이 되지 않는 것이다. 생성형 AI로 만든 이미지는 앞으로도 미국에서 저작권 보호를 받을 수 없게 됐다. 전체 창작물 가운데 인간 고유의 창의성과 아이디어가 직접 들어간 부분만 별도 저작권이 인정된다.

국내 AI와 저작권법 관련 현황

국내 저작권법 제1장 제2조에서 '저작물'은 인간의 사상 또는 감정을 표현한 창작물을 말한다고 되어 있으며, '저작자'는 저작물을 창작한 자를 말한다고 명시되어 있다. 즉, 인간 고유의 창의성이 들어간 부분만이 저작권 보호의 대상이 된다(한주리, 2023). 저작자는 저작물을 창작한 자이기 때문에 사람이 아닌 기계는 저작자라고 보기 어렵고, 저작권 자체가 발생하지 않게 된다(김윤명, 2023). 이처럼 AI 음악, AI 소설 등과 같이 AI로 제작한 창작물에 대한 저작권 인정 여부 및 AI로 창작한 결과물의 2차 표절과 저작권 침해 문제에 대한 우려가 계속되고 있다. 특히, AI 학습을 통해 생성된 결과물과 학습에 사용된 원본 자료의 유사성 문제에 대해서도 지금까지 국내에서 제도적인 해결책이 만들어지지 않고 있다.

현재 국회에 계류 중인 「저작권법 전부 개정 법률안」(의안 번호 제2107440호) 제43조는 '데이터마이닝' 과정의 저작물 이용 면책 규정에 대한 신설안으로 컴퓨터를 이용한 자동화된 정보 분석 과정을 위한 저작물 이용에 대해서 저작권 침해의 경계선을 명확히 함으로써 관련 산업계의 예측 가능성을 높이기 위해 제안됐다. 이를 두고 한국음악저작권협회는 해당 조항이 이용자가 저작물에 적법하게 접근만 할 수 있으면 제한 없이 저작물을 정보분석(AI 학습용 데이터 가공·추출) 등을 위해 사용할 수 있게 하는 조치라며 반대 입장을 내놓았다. 한국음악저작권협회는 보도 자료를 통해 "프랑스와 영국 등에서는 연구와 비영리 목적으로 사용하는 경우에만 저작물을 AI 학습용으로 사용할 수 있도록 한 데 반해, 현재 발의된 국내 개정안은 영리적 목적의 이용에도 제한을 두지 않는 규정"이라며 반발하였고, 2023년 3월 29일 이와 같은 저작권 문제와 창작자의 입지 축소에 대응하고자 AI 대응 TFT를 구성했다(이태수, 2023). 문화체육관광부 등에서는 AI-저작권법 제도 개선 워킹 그룹을 발족하여 저작권 제도 개선을 어떻게 이끌어 나가야 할지에 대한 논의를 진행해 왔다.

AI와 공정 이용

AI 모델을 위해 만드는 데이터 셋은 인터넷에 공개된 정보를 크롤링하여 제작되고 있으며, 챗GPT도 인터넷 정보를 이용하여 제작된 것임을 밝히고 있다. 인터넷에 공개된 오픈 액세스 정보는 이용 허락 조건에 맞지 않게 이용하면 저작권 침해이며, 개인 정보가 포함되면 개인정보보호법 위반에 해당할 수 있다. 물론, 저작권이 없거나 허락을 받으면 침해가 아니기 때문에 가급적 저작권 이슈에서 자유로운 데이터를 사용해야 하나, 사실상 이를 확인하는 것은 어려운 작업이다(김윤명, 2023). 데이터 셋의 저작권 이슈 등에 대해서는 공정 이용(fair use)에 따라 침해에 대한 면책을 주장할 수 있으며, 이러한 주장은 구글의 도서 디지털화와 관련한 구글 대 작가 협회(Google vs. The Author's Guild) 사건에서 비소비적 이용(non-consumptive)이라는 점을 들어 공정 이용으로 인정된 바 있다. 국내에서도 다음(카카오)이 썸네일 검색을 제공함으로써 저작권을 침해했지만, 시장 대체성이 없었다는 점, 더 많은 정보를 제공한다는 공익적 목적으로 활용된다는 점에서 공정한 이용[저작권 제28조(인용)]임을 확인받아 면책된 바 있다(김윤명, 2023).

인공지능이 제기한 저작권 관련 문제는 전 세계적으로 고민이 지속되고 있다. 미국 저작권청도 인공지능이 제기한 저작권 문제를 연구하고 있는데, 저작권법 및 정책과 관련된 정보와 정책 견해를 수집하는 중이다. 법의 현재 상태를 분석하고 해결되지 않은 문제를 파악하며 의회 조치의 잠재적 영역을 평가하는 게 목적이다.

미국 저작권청은 2023년 8월 20일 AI 관련 저작권 문의 공지를 발표했으며, 초기 서면 의견은 2023년 10월 30일에, 답변 의견은 2023년 12월 6일에 마감되었다. 2023년 12월 마감일까지 1만 개 이상의 의견을 받았으며, 2024년 7월 31일 사무국은 디지털 복제본에 관한 주제를 다루는 보고서의 '파트1'을 발표했다. 이후 생성 AI에 의해 전체 또는 일부 생성된 자료의 저작권, 저작권이 있는 저작물에 대한 AI 모델 학습의 법적 의미, 라이선스 고려 사항, 잠재적 책임의 배분에 대해 다룰 예정이다 (US Copyright Office, 2024).

참고문헌

김동호(2023.3.11). 'AI 귀걸이 소녀' 네덜란드 미술계 후끈…"모욕적" vs "창조적", ≪연합뉴스≫.

김윤명(2023). 생성형 AI와 저작권 현안. ≪KISDI AI Outlook≫, 13호, 1-35쪽.

대법원(2015.8.13). 선고 2013다14828 판결

문상현(2023.1.6). "학습과정에 저작권 침해", 이미지 생성 AI에 집단 소송, ≪테크데일리≫.

이태수(2023.3.29). 한음저협, 'AI 저작물 학습 무제한 허용' 저작권법 개정안 반대, ≪연합뉴스≫.

정병일(2023.1.18). 게티이미지, 저작권 침해 협의로 스태빌리티AI 고소, ≪AI타임스≫.

차상육(2023). Thaler v. Perlmutter 사건 분석과 시사점. ≪Copyright Issue Report 2023-9≫. 한국저작권위원회.

차주경(2023.2.9). 게티이미지, 인공지능 사진 생성 도구에 '2,269조원' 소송 제기, ≪IT 동아≫.

한주리(2023). 생성형 인공지능(AI) 창작물에 대한 출판 생태계의 저작권 인식. ≪인문콘텐츠≫, 71호, 197-222쪽.

Ian Sample(2023.1.26). Science journals ban listing of ChatGPT as co-author on papers, *Gurdian*. https://www.theguardian.com/science/2023/jan/26/science-journals-ban-listing-of-chatgpt-as-co-author-on-papers

Kevin Roose(2022.9.2). An A.I.-Generated Picture Won an Art Prize. Artists Aren't Happy, *New York Times*, https://www.nytimes.com/2022/09/02/technology/ai-artificial-intelligence-artists.html

The Economic Times(2022.9.5). AI-generated artwork wins prize in art competition in US! Find out how. *The Economic Times*, https://economictimes.indiatimes.com/news/international/us/ai-generated-artwork-wins-prize-in-art-competition-in-us-find-out-how/articleshow/94010529.cms?from=mdr

Thorp, H. Holden(2023.1.26). ChatGPT is fun, but not an author. *Science*. Vol 379, Issue 6630, p.313, DOI: 10.1126/science.adg7879

US Copyright Office(2023). Zarya of the Dawn (Registration # VAu001480196) Feb. 21, 2023.

US Copyright Office(2024). Copyright and Artificial Intelligence. Part 1: Digital Replicas. *A report of the Register of Copyrights*, july 2024.

08
협업과 융합

AI의 발달은 가속화되고 있으며 멀티모달의 형태로 확장되어 가고 있다. 이는 이제 거스를 수 없는 흐름이 되고 있다. 출판사는 다양한 분야의 전문가와 협업하고, AI와의 융합을 추구해야 한다. 예를 들어, 작가, 디자이너, 개발자, 데이터 과학자, 도서관 사서 등과의 협업을 통해 창의적이고 혁신적인 콘텐츠를 제공할 수 있도록 유연성과 융합 능력을 갖추어야 하는 시대다.

AI와 한의학?

콘텐츠 제작에서 인간과 AI의 시너지

2023년 미국 저작권청은 국민의 의견을 수집했다. 일반인들이 AI 모델을 훈련하면서 저작물을 사용하면 저작권 침해에 해당하는지, AI가 만든 콘텐츠의 저작권 인정 범위는 어떠한지, 특히 사람이 AI 모델 운영에 어느 정도 개입했을 때 저작물로 인정할 수 있을지, AI가 생성한 콘텐츠가 저작권을 침해했을 때는 어떻게 책임을 물어야 하는지, AI가 저작권을 침해하지는 않았지만, 예술가의 목소리나 스타일을 모방할 경우 인격권 침해나 불공정 경쟁 관련 법을 적용할 수 있을지 등을 궁금해하는 것으로 나타났다.

이러한 AI 창작물을 둘러싼 저작권 이슈를 확인하기 위해서는 여러 가지 고려 사항이 생긴다. AI가 창작한 저작물의 권리자, 저작물 이용 허락의 문제, 이용료 지급 대상, 법적 거래 능력과 법적 책임, 저작권 침해 시 대응 등의 문제, 인공지능이 자료를 수집하는 과정에서 다른 데이터베이스 소유자의 허락 없이 정보를 수집하는 경우 불법 행위 책임의 문제, 인간과 인공지능이 공동으로 창작한 창작물의 권리 인정 범위 및 한계 등이다.

AI 주도 콘텐츠 제작 시대에, 인간과 AI가 협력하여 양쪽의 장점을 모두 얻을 수 있을까 등과 같은 의문이 제기된다. 모하메드(Mohamed, 2023)는 이 문제에 대해 일곱 가지 관점에서 정리하였다. 첫째, AI 중심의 세상에서 콘텐츠 제작 시 인간과 AI의 관계는 상호 이익이라는 입장이 다. 인간 편집자는 여전히 창의성, 품질, 윤리의 수호자로 남아 있는 반면, AI 도구는 이러한 그들의 역량을 증폭하고 콘텐츠 제작 프로세스를 간소화하는 데 기여한다(Mohamed, 2023). 구체적으로 살펴보면, AI를 인간 편집자의 대체물로 보는 대신, 그들의 역량을 강화하는 강력한 동맹으로 볼 수 있다. AI 기반 콘텐츠 생성 도구는 반복적이고 시간이 많이 걸리는 작업을 처리하는 데 능숙하여 인간 편집자가 작업의 더 창의적이고 전략적인 측면에 집중할 수 있도록 해준다.

둘째, AI는 데이터 분석과 사실 확인에 능숙하다. 정보를 신속하게 교차 참조하고 콘텐츠의 잠재적 부정확성을 식별할 수 있다. 인간 편집자는 AI가 생성한 제안을 활용하여 사실을 확인하고 콘텐츠의 정확성을 보장함으로써 잘못된 정보가 퍼질 위험을 줄일 수 있다.

셋째, AI 도구는 효율성과 생산성 면에서 타의 추종을 불허한다. 인간 편집자가 달성할 수 없는 속도로 콘텐츠를 생성할 수 있으며, 특히 촉박한 마감일이나 대규모 콘텐츠 생산이 필요할 때 중요한 역할을 할 수 있다.

넷째, AI 기반 콘텐츠 생성 도구는 다양한 플랫폼에 맞게 콘텐츠를 최적화하여 검색 엔진 결과에서 더 높은 순위를 차지하고 더 광범위한 대상에게 도달하도록 돕는다. 이러한 최적화는 인간 편집자의 창의성과 판단 가치와 결합되어 윤리적 기준을 충족하고 성과 면에서도 뛰어난 콘텐츠를 만들어낸다.

다섯째, AI 도구는 윤리적 지침과 투명성 요구사항을 준수하도록 프로그래밍할 수 있다. 윤리적 전문성을 갖춘 인간 편집자는 이러한 지침이 제대로 준수되도록 하며, AI가 생성한 콘텐츠가 확립된 윤리적 기준에 부합하는지를 확인한다.

여섯째, AI가 생성한 콘텐츠는 초기 확인 단계에 활용되어, 인간 편집자가 창의성, 스타일, 고유한 목소리를 더할 수 있는 기반을 제공한다. 일곱 번째, 콘텐츠 제작에서 인간과 AI의 협업은 기술의 효율성과 인간의 창의성 및 윤리적 판단을 결합한 전체론적 접근 방식을 가능하게 한다.

이러한 관점들은 AI와 인간 편집자가 협력하여 더 나은 콘텐츠를 제작하는 방법을 보여주며, 각자의 강점을 활용하여 고품질의 윤리적 콘텐츠를 만들어낼 수 있는 가능성을 제시한다. 콘텐츠 제작 프로세스를 최적화하여 독자에게 유용하고 의미를 제공하는 좋은 콘텐츠를 만드는데 기여할 뿐만 아니라 의도한 대상의 공감을 얻고 출판물의 목적을 충족할 수 있다.

결국 AI는 인간 편집자의 대체물이 아니라, 그들의 역량을 강화하는 강력한 동맹으로 볼 수 있다. AI 기반 콘텐츠 생성 도구는 반복적이고 시간이 많이 걸리는 작업을 처리하여 인간 편집자가 더 창의적이고 전략적인 측면에 집중할 수 있게 해준다.

향후 출판 산업은 클라우드 서버로 AI를 도입해 디지털 전환해야 하며, 국가에서 추진하는 AI 지원 사업을 통해 도움받을 수 있는 방안을 고민할 필요가 있다. 어떤 출판 생태계를 만들지 공론화하여 다양한 요구를 충족할 수 있도록 상호 연결된 서비스 시스템을 구성할 수 있도록 해야 할 것이다. 카카오, 네이버처럼 출판 산업이 자신만의 생태계를 구축해야 한다(한국출판문화산업진흥원, 2021). 4차 산업혁명 시대의 출판 산업은 상호협력해서 AI 시대에 협업과 융합이 가능한 생태계를 형성해야 한다.

다양한 분야의 전문가와 융합 시너지

출판 생태계의 주요 행위자로 저작자와 출판사, 주요 관련 기관인 도서관, 서점, 유통사, 독자 등이 있다. 사실상 이러한 행위자들은 때로는 자신의 입장을 강조하여 말할 수 있지만, 출판 생태계 전체를 위한 비전을 위해서 함께 행동해야 하는 공동 운명체이기도 하다. 그럼에도 실제 산업 현장에서는 각 행위자 간의 입장 차이가 확연하게 드러나고 때로는 이로 인한 갈등이 심하게 표출되는 경우도 많았던 것이 현실이다(한주리, 2024). 예를 들어, 학교 교육 목적 보상금 제도의 지급 대상에 대해 이해관계자들은 '수업 목적 보상금'의 근본적인 해결을 위해 저작권법 제62조(배타적 발행권 양도·제한) 제2항 개정이 필요하다는 데 공통된 의견을 보였다. 하지만 세부 내용에서 수업 목적 보상금과 관련한 구체적인 근거 제시, 창작자와의 공감 필요, 보상금 지급 반대 등의 의견 차이를 보였다. 도서관의 경우 저작권자뿐만 아니라 출판권자나 배타적 발행권자에게 지급되기 위해서는 구체적인 근거 제시가 필요하다는 의견이 있었으며, 출판 관련 단체는 창작자와 함께 출판권자의 저작 인접권자로서의 권리 강화도 필요하다고 주장했다. 이에 반해, 저작자 단체들은 출판권자의 학교 교육 목적 보상금 제도 지급에 대한 권리 주장에 앞서 창작자로부터 충분히 공감을 얻을 수 있는 노력이 필요하다는 의견을 밝혀 출판권자나 배타적 발행권자에게 보상금을 지급하는 것에 반대하는 사례도 발생했다.

또한 출판권자와 저작자 사이에 2차적 저작물 작성권과 관련한 논쟁도 있어 왔다. 출판 산업과 출판 문화의 번영은 작가와 출판사의 상생에서부터 시작된다는 사실을 우리는 알고 있다. 건전한 출판 생태계를 지속 가능하게 번영시키기 위해서는 서로를 위한 공정한 계약과 이익이 무엇인지 함께 고민하고 나아가야 한다. 그래야 건전한 출판 생태계가 자리 잡을 수 있다.

해외의 경우를 보면, 영국의 BIC(Book Industry Communication)나 일본의 일본 출판 인프라 센터와 같이 출판 생태계 내의 저자, 출판사, 도서관, 서점 등 다양한 주체들이 함께 논의하고 협의하면서 문제 상황에 대해 대처해나가는 노력을 기울여 왔다. 1991년에 설립된 영국의 BIC는 출판 산업 대다수의 이해관계자들(영국 출판 협회, 영국 서적상 협회, 도서관 및 정보 전문가 협회, 영국 국립 도서관 등)이 서로 경쟁하는 것이 아닌 문제 해결을 통해 출판 산업의 발전에 기여하는 것을 목표로 프로그램을 운영한다. 출판계 내 문제가 발생하면, 해당 문제에 대해 이해관계자들이 모여서 원인을 발견하고, 해결 방향을 도출하는 것이 핵심 목적이다.

일본의 경우, 일본 도쿄의 진보초에 있는 출판 클럽 빌딩에는 일본 출판 인프라 센터(JPO), 일본 서적 출판 협회, 일본 출판 유통 협회, 일본 잡지 협회, 일본 국제 아동 도서 평의회(JBBY), 일본 출판 클럽, 일본 잡지 광고 협회, 독서 추진 운동 협의회, 일본 아동 도서 출판 협회, 출판 저작권 관리 기구, 유네스코 아시아 문화 센터, 출판 기업 연금 기금, 일본 출판 산업 기업 연금 기금, 문화 산업 신용 조합 등 범 출판 관련 단체와 기구가 한 건물에 자리 잡고 있어서 수시로 서로 커뮤니케이션할 수 있는 환경이 마련되어 있다. 이처럼 우리 출판 산업도 출판계의 상생 및 동반 성장을 위한 원활한 소통을 위한 방안 마련이 요구된다.

특히 점차 가속화되고 있는 디지털 시대를 맞이하여 기업이 새로운 기회의 장을 마련해 디지털 경제의 이점을 취하기 위해서는 비즈니스 민첩성 및 프로세스, 기술, 인간 측면 등과 관련된 다양한 영역에서 기업의 경쟁력을 극대화할 수 있도록 디지털 변환 전략을 개발하고 전략을 구축해야 한다. 출판사 또한 다양한 분야의 전문가와 협업하고, AI와의 융합을 추구해야 한다. 예를 들어, 작가, 디자이너, 개발자, 데이터 과학자, 도서관 사서 등과의 협업을 통해 창의적이고 혁신적인 콘텐츠를 제공할 수 있다. AI 시대의 도래는 디지털 전환 전략에 기반하여 새로운 디지털 비즈니스 모델을 선구적으로 만들어 나갈 필요에 대한 인식과 공감이 요구된다.

인공지능의 발전은 기업의 반복적인 단순 업무부터 고객 서비스, 인적 자원 관리, 재무 회계와 비즈니스 운영 및 의사 결정 지원 등 새로운 기능까지 폭넓게 적용되며, 디지털 전환의 핵심 동력인 데이터에 기반한 생산성 향상은 경제적이나 사회적으로 긍정적인 변화를 불러올 것으로 예상된다.

한편, 디지털 비즈니스의 핵심은 데이터(data), 네트워크(network), 인공지능(AI), 즉 D.N.A 생태계를 구축하는 것이다. 디지털 시대에는 데이터를 인공지능으로 분석하여 최적화된 정보와 서비스를 유・무선 통신망을 통해서 전달함으로써 '혁신 속도 향상', '고객 중심성 향상', '데이터 기반 새로운 가치 창출' 등이 가능하게 될 것으로 예상하고 있다.

참고문헌

김익현(2023.9.1). 생성AI의 저작권 침해, 어디까지 허용해야 할까. ≪ZEDNET Korea≫, https://zdnet.co.kr/view/?no=20230901143928

한국출판문화산업진흥원(2021). 인공지능 시대, 출판 생태계의 영향과 전망. ≪출판N≫, vol. 22, 2021년 6월호, https://nzine.kpipa.or.kr/sub/zoomin.php?ptype=view&idx=403

한주리(2024). 출판문화산업 진흥을 위한 제언. ≪출판N≫ vol. 51, 2024년 1월-2월호. https://nzine.kpipa.or.kr/sub/coverstory.php?ptype=view&idx=823

Mohamed, A.(2023.10.7). The Role of Human Editors in an AI-Driven World: Balancing Creativity, Quality, and Ethics, Medium, https://medium.com/@karama1976/the-role-of-human-editors-in-an-ai-driven-world-balancing-creativity-quality-and-ethics-92d98eca9f6e

09
AI와 창의성

출판 종사자들은 창의적인 사고와 아이디어 발굴 능력이 필요하다. AI 생성으로 인한 문학의 경우 비인간의 창의성을 바탕으로 하는 창작의 영역에 속하며 새롭게 확장된 하나의 창작 방식이라고 볼 수 있다는 의견과 AI는 출판물의 생산과 편집에 도움을 줄 수 있지만, 창의적인 아이디어와 개념은 여전히 인간의 역할이라는 의견이 공존한다.

AI와 화장품?

AI를 활용한 출판물의 생산 프로세스

챗GPT 개발사인 미국 기업 오픈AI가 2023년 12월 13일 독일 기반 다국적 미디어 그룹 악셀 스프링거(Axel Springer)와 제휴를 발표했다. 악셀 스프링거는 독일을 기반으로 유럽 및 글로벌 시장에서 영향력 있는 매체를 발간하는 대형 미디어 출판 그룹이다. 독일 일간지 ≪디 벨트(Die Welt)≫, ≪빌트(Bild)≫ 외에 산하에는 미국 정치 전문 매체인 ≪폴리티코(Politico)≫, 비즈니스 전문지인 ≪비즈니스 인사이더(Business Insider)≫ 등을 소유하고 있다. 이번 제휴 계약에 따라 오픈AI는 챗GPT를 통해 악셀 스프링거가 제공하는 미디어 뉴스를 요약 전달하고 오픈AI는 기사 이용에 대한 대가를 지불한다. 이 계약으로 인해 챗GPT 이용자들이 악셀 스프링거의 뉴스 콘텐츠에 접근할 수 있게 됐다. 또한, 오픈AI는 챗GPT의 정확도를 높이기 위한 학습용으로 악셀 스프링거의 방대한 기사 아카이브를 사용할 수 있게 된다. 악셀 스프링거도 오픈AI의 기술을 활용해 자사 미디어를 개선할 수 있다. 이번 제휴는 다년간 계약으로 거래 조건 및 금액은 공개되지 않았으나 악셀 스프링거는 오픈AI의 기사 이용으로 상당한 수익을 올릴 것으로 예상된다(스트라베이스, 2024). 즉, 거대 미디어 기업의 콘텐츠를 사용하여 인공지능 모델을 훈련할 수 있도록 허용한다는 점에서 이는 세계 미디어 산업에서도 획기적인 거래라 할 수 있다. 거대 미디어 기업이 콘텐츠 제공을 통해 수익을 올리면서, 자사 콘텐츠가 인간의 창작물과 구별할 수 없는 텍스트, 이미지, 코드 등을 만들 수 있는 생성형 AI 기술 개발에 기여하게 되는 것이다. AI의 급속한 확대로 미디어 및 출판 업계는 기존의 사업 기반을 위협받을 수 있다고 우려해 왔다. 뉴스 사이트의 트래픽을 챗GPT가 빼앗고, 비용을 지불하지 않고 콘텐츠를 사용한다는 우려도 제기되고 있다. 이번 협력은 콘텐츠 이용에 대한 보상 측면에서도 새로운 가능성을 보여주고 있는 한편, 제휴되지 않은 콘텐츠에는 접근 기회를 잃게 될 수 있다는 우려를 동시에 내포하고 있다(스트라베이스, 2024).

2021년 AI 시대 출판 관련 논의에서 '디지털 전환'과 '에코 시스템'이라는 두 가지 키워드가 제시됐다. 먼저 대다수의 기업과 사람들이 AI에 대해 영화와 같은 퍼포먼스를 기대하는데, 실제 AI 기술은 부분적인 요소이며 업무에 도움을 주는 역할을 할 뿐이라고 설명했다. AI는 고도화된 컴퓨터이며, 시스템 측면에서 인간처럼 만들면 인간처럼 행동할 것이라는 논리로 1950년부터 제시되었지만 컴퓨팅 파워가 부족했기 때문에 최근에 와서야 실현된 기술이라고 정리했다. AI는 인간처럼 모든 것을 다 하지 않고 지능 중 극히 일부분의 기능을 구현하는 '약인공지능'이 산업에서 쓰이고 있으며, 현재 우리가 접하는 AI는 한 가지의 기능을 가진 다양한 약인공지능이 결합한 프로세스라는 것이다(한국출판문화산업진흥원, 2021). 출판 종사자들은 이를 활용하기 위한 창의적인 사고와 아이디어 발굴 능력이 필요하다.

AI와 창의성

생성형 AI의 등장으로 인간의 고유 영역으로 여겨졌던 '창의성'에 대한 논의가 확장됐다. 역사학자 유발 하라리(Yuval Harari)는 자신의 저서와 논문, 인터뷰를 챗GPT에 학습시키고 『사피엔스』의 출간 10주년 기념 특별판 서문을 작성하도록 했는데, 자신의 글과 다름없는 수준으로 작성된 서문을 보고 유발 하라리는 충격을 받았다(Hojae Lee, 2022; 천현진, 2023 재인용).

'창의(創意)'의 의미가 역사적으로 전에 없던 것을 처음으로 만든다는 창조(創造)와는 달리 '새롭게 생각해 낸다'는 의미에 가깝고, 서양에서도 기존에는 신의 창조 영역이었던 '창의(creative)'가 인간의 영역으로까지 확장된 과정을 생각해 보면 AI 생성 문학도 비인간의 창의성을 바탕으로 하는 창작의 영역에 속하며 새롭게 확장된 하나의 창작 방식이라고 볼 수 있다(방은아 · 임소연, 2024).

서사(narrative)와 이야기(story)는 각각 '스토리와 이를 전달하는 서사 담화(혹은 담론)로 구성되는 사건의 재현'과 '사건 혹은 사건의 연속(행위)'라는 점에서 구분된다. 단순히 사건 내지는 과학적 사실만을 나열해서는 유기적으로 연결되어 있고 개연성을 갖춘 일관된 '서사'를 만들 수 없다는 것이다. 소설이 각각의 인물들과 사건 속에서 하나의 주제를 구현하는 장르(오태호, 2023)임을 생각한다면 현재 AI는 이와 같은 장르적 특성을 모두 고려하기에 기술적으로 한계를 가지고 있다.

인간의 창의성과 AI 창의성의 차이

미래학자 토머스 프레이(Thomas Frey)는 인간의 창의성과 생성형 AI 창의성엔 근본적인 차이점이 있다고 말한다. 토머스 프레이의 견해를 바탕으로, 인간의 창의성과 생성형 AI의 창의성의 몇 가지 중요한 차이점을 살펴보면 다음과 같다.

먼저 창의성의 기원 측면이다. 인간의 창의성은 개인

의 경험, 감정, 그리고 지식과 기술의 독특한 조합에서 비롯된다. 이는 인간의 의식과 인지적, 감정적, 사회적 과정의 복잡한 상호 작용에 깊이 뿌리를 두고 있다. 반면에 생성형 AI의 창의성은 알고리즘과 대규모 데이터 셋에 기반하여, 데이터에서 학습한 패턴과 구조를 통해 새로운 콘텐츠를 생성한다.

두 번째, 의도성 측면에서 차이점이 있다. 인간의 창의성은 종종 특정 목표나 아이디어, 감정을 표현하고자 하는 의도적인 노력에 의해 주도된다. 이러한 의도성은 창작 과정과 그 결과물에 의미를 부여한다. 반대로, 생성형 AI는 의도성이 결여되어 있으며, 단순히 학습한 패턴에 따라 콘텐츠를 생성할 뿐이다.

세 번째, 감정적 연결 측면에서 보면 인간의 창의성은 감정과 깊이 연관되어 있으며, 자신의 감정과 경험에서 영감을 받는다. 이러한 감정적 연결은 다른 사람들과의 공감을 일으키는 개인적이고 의미 있는 표현을 가능하게 한다. 그러나 생성형 AI는 감정이나 개인적 경험이 없으며, 감정적 내용을 단지 모방하는 수준에 그친다.

네 번째, 독창성과 참신성 측면에서는 인간은 다양한 영감의 원천을 활용하여 독창적이고 새로운 아이디어를 창출할 수 있다. 이는 기존의 틀을 벗어난 획기적인 작품을 만들어내는 능력을 포함한다. 반면에 생성형 AI는 훈련된 데이터와 패턴에 의해 제한되어, 진정으로 새로운 아이디어를 만들어내기 어렵다.

마지막으로 윤리적 고려 사항 측면에서 인간의 창의성은 윤리적 고려 사항을 수반하며, 창작물의 결과와 의미에 대한 책임을 진다. 그러나 생성형 AI는 본질적으로 윤리를 이해하지 못하며, 윤리적 지침을 따르도록 프로그래밍될 수 있지만, 그 책임은 결국 개발자와 사용자에게 있다.

이러한 차이점들은 인간과 AI의 창의성이 어떻게 다르게 발현되는지를 보여준다. 각자의 특성과 한계는 창의적 표현과 그 결과물의 본질에 영향을 미친다.

참고문헌

방은아 · 임소연(2024). AI 생성 SF와 포스트휴머니즘 : ChatGPT는 어떤 소설을 생성하는가? ≪인문사회과학연구≫, 32(1), 195-225쪽.

스트라베이스(2024). ChatGPT, 독일 미디어 대기업 악셀 스프링거와 제휴...AI 기반 저널리즘에 대한 기대와 우려 증폭. ≪디지털 미래와 전략≫, 218호, 57-61쪽.

오태호(2023). 2020 년대 초반 인공지능 (AI) 문학 창작의 현재성 고찰-장편소설 [지금부터의 세계] 와 시집 [시를 쓰는 이유]를 중심으로. ≪우리문학연구≫, 79호, 425-454쪽.

천현진(2023). AI 시대의 뉴스 저작권: 기술의 발전과 법의 경계에서. 『2023 해외 미디어 동향』, 3호, 한국언론진흥재단.

한국출판문화산업진흥원(2021). 인공지능 시대, 출판 생태계의 영향과 전망. ≪출판N≫, vol. 22, 2021년 6월호, https://nzine.kpipa.or.kr/sub/zoomin.php?ptype=view&idx=403

Thomas Frey(2023.4.27). The Difference Between Human Creativity and Generative AI Creativity. Futurist Speaker, https://futuristspeaker.com/artificial-intelligence/the-difference-between-human-creativity-and-generative-ai-creativity/

10

AI와 윤리

생성형 AI 모델과 관련한 윤리적 문제들도 꾸준히 제기되고 있다. 예를 들어, 텍스트-이미지 생성기는 일반적으로 성별 차원에 따라 편향되어 있으며 챗봇은 잘못된 정보를 제공하거나 악의적인 목적으로 사용될 수 있다. 출판사는 AI 기술을 사용할 때 윤리적인 측면과 투명성을 고려해야 한다. 데이터 수집과 활용, 알고리즘의 편향 등에 대한 문제에 적절한 대응을 해야 한다.

종교와 AI?

생성형 AI 모델과 관련한 윤리적 문제들

생성형 AI 모델과 관련한 윤리적 문제들도 꾸준히 제기되고 있다. 예를 들어, 텍스트-이미지 생성기는 일반적으로 성별 차원에 따라 편향되어 있으며 챗봇은 잘못된 정보를 제공하거나 악의적인 목적으로 사용될 수 있다(정한영, 2023). 즉 전체 중 샘플링이 된 자료의 편향성으로 인해 전체 결과가 왜곡될 수 있다.

출판 관련 제기되는 문제점으로는 저작권과 관련한 부분이 논쟁의 중심이다. 특히 공상 과학 소설을 접수해 온라인으로 발간하는 유명 사이트인 '클락스월드(Clarkesworld)'가 챗GPT와 같은 AI가 만든 작품이 쇄도했다고 ≪가디언≫이 2월 21일 보도했다. 클락스월드에 따르면 평소에는 한 달에 접수되는 작품 가운데 표절 등 이유로 거부되는 작품이 10편 정도였지만, 2023년 1월 100편이 거부됐고 2월에는 접수됐다가 거부된 AI 작품이 500편을 넘어섰다(AtlantaK, 2023). 이런 현상은 인플루언서들이 인공지능을 이용해 작품을 쉽게 만들어 수익을 얻고자 하기 때문이라는 지적이다.

크게 두 가지 면에서 저작권 이슈를 살펴보고자 한다. 첫째, 기계 학습에 사용된 데이터 셋의 저작권 이슈에 대해서는 해소된 것이 아니라는 점에서 향후, 저작권 침해 소송이 제기될 가능성도 배제할 수 없다(김윤명, 2023). AI의 특성상 방대한 양의 데이터를 저작권자의 허락 없이 불법적으로 학습을 하다 보니, 그 생성 과정에서 이미 초상권과 저작권이 있는 이미지가 생성돼 지적 재산권 침해 문제가 발생하고 있다. 둘째, 생성형 AI가 만들어낸 콘텐츠에 대한 권리 귀속에 대해서 명확하게 정리될 필요가 있다. 챗GPT의 경우, 오픈AI가 명확한 가이드라인을 제시하지 못하고 있다는 점에서 저작권 문제는 또 다른 사회적인 문제가 될 수 있기 때문이다(김윤명, 2023). 그 외에도 다양한 문제점들이 제기되고 있으나, 이는 어디까지나 과도기적 현상으로 AI 관련한 법제화만 이루어진다면 해소될 것이라고 보는 시각도 있다. 그러나 현실은 그보다 더 복잡하고 심각하다. 저작권 침해라는 한 문제만 놓고도 긍정과 부정으로 갈려 팽팽히 맞서고 있다(한보라, 2024).

AI 학습 과정에서 발생하는 저작권 침해

구글은 최근 기존의 자연어 처리(NLP) 모델보다 더 높은 성능으로 대규모 언어 모델인 경로 인식 언어 모델(Pathways Language Model, PaLM)을 사용하여 동일한 모델을 개선할 수 있는 방법을 제안했다. 하지만, 이 과정에서 인터넷, SNS 등 기존 데이터를 크롤링(crawling)하면서 저작권 침해, 복제 등의 문제가 제기되고 있다. 즉 저작권자의 사전 허락 없이 과학적 진보를 위한 데이터 분석에 대해 어느 범위까지 인정할 것인지에 대한 측면이다(한주리, 2023).

현재 AI의 학습 과정에서 발생하는 저작권 침해 문제가 대표적인데, 방대한 양의 데이터를 저작권자의 허락 없이 불법적으로 학습함에 따라 나오는 기술적인 문제다. 인간을 대체할 수 있다는 두려움에서 나오는 개인들의 다양한 부정 반응이 이에 속한다. 기존 산업과 인간의 권익을 침해할 우려가 있다며 보호 목적으로 치우쳐 규제가 지나치다면 오히려 산업 발전을 저해하고 기술 개발을 위축시킬 수 있다. 산업 확장을 위해서는 기술 발전에 맞춰 선제적인 법제화와 새로운 기술에 대한 창작자의 인식 개선, 활용도를 높이기 위해 AI의 새로운 모델을 제시하는 것과 같은 보완책이 필요하다(한보라, 2024).

작가와 출판사는 새로운 경쟁자로서 챗GPT와 같은 AI 모델을 대면할 가능성이 크다. 물론, AI 모델을 활용하여 다른 형식의 콘텐츠를 생성할 가능성도 크기에 당분간은 장점과 단점이 공존할 것이다. 이미 다양한 분야에서 챗GPT와 공동으로 작업했다는 표시의 글들이 선보이고 있다. 작가의 벽을 챗GPT 등 인공지능이 낮게 해줄 가능성도 엿보인다. 다만, 해결해야 할 문제는 생성된 콘텐츠와 관련된 법적, 윤리적 문제다. AI 모델의 학습 과정에서 수많은 데이터가 사용되어야 하기 때문이다. 데이터를 수집하는 과정과 기계 학습 과정에서 발생할 수 있는 저작권법과 AI의 충돌은, 문명사적 이기(利器)에 대한 규제로 작용할 것인지, 아니면 수용할 것인지에 대한 경계에 있다(김윤명, 2023).

AI와 미디어의 협업 움직임이 가시화되는 한편 언론사와 출판사, 작가들 사이에는 오픈AI에 의해 콘텐츠가 무단으로 사용될 것이라는 우려도 제기되어 왔다. 실제로 현재 대부분의 주요 AI 기업은 저작권 있는 자료에 대해 라이선스 없이 무단으로 인터넷을 스크래핑(scraping)하여 학습 데이터를 수집하고 있다. 크롤링은 데이터 색인에 사용되는 데 비해, 스크래핑은 주로 특정 URL의 콘텐츠를 분석하여 필요한 데이터를 추출하는 데 사용된다. 이러한 관행이 불공정하다고 주장하는 소송도 잇따르고 있다.

BBC와 뉴욕 타임스를 비롯한 여러 언론사는 스크래핑을 방지하기 위해 오픈AI의 웹 크롤러(web crawler)를 차단 조치한 바 있다. 일부 작가들은 오픈AI를 저작권 침해로 제소하기도 했다. 이에 오픈AI는 관련 업계 협상에서 콘텐츠 이용에 대한 보상을 약속하면서 기사의 단어 수를 기준으로 보상하는 방안을 논의한 것으로 알려졌다. 미국 작가 협회(Author's Guild)는 현재 작가들의 작품이 AI 기업의 학습 데이터로 사용될 때 작가들에게 정당한 대가를 지급하는 단체 라이선스 계약을 추진 중이다(편집부, 2024).

전재림 한국저작권위원회 법제연구팀 선임 연구원은 AI 관련 법률 주체가 되는 데이터 제공자, AI 프로그래머, 이용자, 하드웨어 제공자를 설명하며 이들이 어떠한 법률 관계를 형성하는지 논했다. AI의 저작권 보호에 대해서는 권리 귀속 개념을 들며 AI 저작물에 자유도가 거의 없다면 도구로써 이용되는 것이기 때문에 이용자에게 귀속된다고 말했다. 또한 권리 부여와 함께 책임 부여가 있는데 창작에 의한 권리 침해가 발생했을 때 누가 책임을 질 것인가에 대한 의문점이 있다고 덧붙였다. 하지만 결국 AI란 인간을 위해 발전 및 이용되어야 하며, 저작권법 목적 자체가 문화 발전에 있기 때문에 어떠한 기술 변화에도 문화의 주체인 인간을 보호해야 하며, 이를 위해서 저작권에 대한 배타적 권리가 필요하다고 설명했다. 마지막으로 전재림 선임 연구원은 AI 관련 저작권 법제에 대해서 적극적 지원 방향 법제와 소극적 지원 방향 법제가 발의되어 있음을 전하며, 새로운 유형의 제도가 필요하다고 강조했다(한국출판문화산업진흥원, 2021). 또한, 저작권이 누구에게 있는지 등 AI가 창작한 저작물에 대한 저작권 문제가 현재 모호한 상황이 많아서 입법적 대응이 시급하게 필요하다.

EU 인공지능법

인공지능으로 생성된 결과물에 대한 논란을 규제하기 위해 논의가 이뤄지기 시작했다. 미국의 경우, 2021년 1월에 「AI 이니셔티브법(The National AI Initiative Act of 2020)」을 제정하여 AI 기술이 가져올 다차원적 영향에 대응하고자 하였으며, 22년 10월에 'AI 권리 장전에 대한 청사진(The Bluepoint for an AI Bill of Rights)'을 발표하여 AI 윤리 지침을 정립하고자 하였다(소프트웨어정책연구소, 2024). 또한 유럽 연합(EU)은 2021년 4월 21일 인공지능법을 최초 제안하였는데, 인공지능 관련 주도권 경쟁의 양대 축인 미국과 유럽 연합이 보이는 움직임은 향후 세계 각국에서 인공지능 관련 규제 법령을 제정하기 위한 시도가 이어질 것을 예측하게 했다.

유럽 의회(EP)와 인공지능법 위원회가 챗GPT 등 생성형 인공지능에 대한 규제안인 인공지능법에 합의했다. 기존에 제기된 다양한 인공지능 논쟁과 관련하여 유럽 연합 집행 위원회(EC)가 2023년 5월 11일에 인공지능 규제안(Compromise Amendments)의 초안을 제시하였고, 6월 14일 해당 법안을 채택했다. 이후 2023년 12월 8일 '인공지능법(AI Act)'에 대해 EU 국가들과 유럽 의회 의원들 간의 합의에 이르렀다(최창현, 2023).

특히, 유럽 연합의 인공지능법은 유럽 연합 내에 인공지능을 적용하고자 하는 외부 사업자들도 적용 대상으로 삼고 있으며, 우리 기업과 경제에도 상당한 영향을 미칠 수밖에 없다. 유럽 연합의 인공지능법은 위험 기반 접근 방식(risk-based approach)을 따르고 AI가 생성할 수 있는 위험 수준에 따라 제공자와 사용자에 대한 의무를 설정하는 내용을 담고 있으며, AI 기술의 적용에 따른 윤리적, 법적, 사회적 영향에 대응하기 위해 마련된 포괄적인 AI 규제 법안이다.

생성형 AI의 위험성 정도를 총 4단계로 나눠 규제를 시행한다. 높은 위험성이 있다고 판단되는 AI 서비스에 대해서는 출시 전 유럽 연합 당국으로부터 심사를 받는 구조를 마련한다. 이러한 논란의 주요 핵심 사항은 기존 저작물에 대한 표절 여부에 대한 판단, 원저작자의 저작물에 대한 보상 문제, 생성형 AI 활용 창작물의 저작권 인정 여부와 범위 등에 대한 논의 등을 포함한다. 유럽 연합은 유럽 의회 보도(European Parliament Press Releases, 2023)를 통해 이 법안이 승인되면 AI와 연계된 세계 최초의 법안이 될 것이라고 밝힌 바 있다. 이 법은 2024년 3월 유럽 의회에서 통과된 이후 같은 해 5월 유럽 이사회에서 최종 승인되었다. 우리나라의 경우, 2024년 12월 26일 「인공지능 발전과 신뢰 기반 조성 등에 관한 기본법」(약칭 인공지능 기본법)이 국회에서 통과되었고, 2025년 1월 12일 제정됐다. 인공지능 기본법은 2026년 1월 22일 시행된다(법률 제20676호, 2025). 향후 규범적 대응을 준비함에 있어서는 이러한 인공지능 법안의 중요성을 인식하여 그 기본적인 원칙과 핵심적인 내용을 적극적으로 수용하되, 우리의 특수한 상황 및 이해관계에 따른 조정이 반영될 수 있도록 할 필요가 있다.

참고문헌

김윤명(2023). 생성형 AI와 저작권 현안. ≪KISDI AI Outlook≫, 13호, 1-35쪽.

국가법령정보센터(2025.1.21). 법률 제20676호. 인공지능 발전과 신뢰 기반 조성 등에 관한 기본법.

정한영(2023.4.4). 우리는 지금 AI에 대한 엄청난 흥분과 과대광고가

난무하는 시대에 살고있다... 스탠퍼드大, 인간중심인공지능연구소 'AI 인덱스 2023' 발표, ≪인공지능신문≫. https://www.aitimes.kr/news/articleView.html?idxno=27702

최창현(2023.12.10). 세계 최초의 인공지능법, EU 27개국 간 정치적 합의 도출!...위반 시 최대 497억원 또는 전세계 매출의 7% 징벌적 벌금 부과, ≪인공지능신문≫. https://www.aitimes.kr/news/articleView.html?idxno=29653

소프트웨어정책연구소(2024). 유럽 연합 인공지능법(EU AI ACT)의 주요 내용 및 시사점. ≪SW중심사회≫, 10월호, ISSUE 1, 4-25쪽.

스트라베이스(2024). ChatGPT, 독일 미디어 대기업 악셀 스프링거와 제휴...AI 기반 저널리즘에 대한 기대와 우려 증폭. ≪디지털 미래와 전략≫, 218호, 57-61쪽.

한국출판문화산업진흥원(2021). 인공지능 시대, 출판 생태계의 영향과 전망. ≪출판N≫, vol. 22, 2021년 6월호, https://nzine.kpipa.or.kr/sub/zoomin.php?ptype=view&idx=403

한보라(2024). AI와 웹툰 창작자의 미래 상생 방향. ≪한국컴퓨터정보학회 논문지≫, 29(2), 87-99쪽.

AtlantaK(2023.2.21). 공상과학소설 플랫폼, 챗GPT 홍수에 접수 중단, AtlantaK.com.

European Parliament(2023.5.11). AI Act: a step closer to the first rules on Artificial Intelligence, Press Room, News. https://www.europarl.europa.eu/news/en/press-room/20230505IPR84904/ai-act-a-step-closer-to-the-first-rules-on-artificial-intelligence

한주리

서일대학교 미디어출판학과 교수다. 1995년에 출판계에 입문했고 2006년 경희대학교에서 "문화콘텐츠산업의 유연전문화 연구: 한국출판산업을 중심으로"로 언론학 박사 학위를 받았다. 주로 출판 생태계 전반 및 서점, 출판 정책, 콘텐츠 소비에 관심을 두고 연구하고 있다. 주요 저서로 『지역과 문화를 살리는 지역 서점의 미래』(2024), 『한국출판 산업의 이해』(2021), 『책은 책이 아니다: 21세기 출판 키워드 연구』(2014) 등이 있다. "생성형 인공지능(AI) 창작물에 대한 출판 생태계의 저작권 인식"(2023), "도서관 전자책 서비스의 쟁점과 상생 방안 연구"(2021) 등 100편 이상의 논문을 발표하고 게재했다.
현재 서일대학교 출판문화콘텐츠연구소 소장, (사)출판문화학회 회장(2024~2027), 한국출판문화산업진흥원 비상임 이사(2024~2026), 서울특별시 지방보조금관리위원회 위원(2023~2025), 국립중앙도서관 자문 위원(2023~2025) 등으로 활동하고 있다.